LE

TRAVAIL INTELLECTUEL

147-23. — Saint-Germain-lès-Corbeil. — Imp. Willaume.

LE
TRAVAIL INTELLECTUEL

PAR

ALBERT CIM

L'ORDRE — LA CLARTÉ — L'ÉCRITURE — MANIES
DES ÉCRIVAINS — L'HYGIÈNE DES TRAVAILLEURS
L'ALCOOL, LE CAFÉ, LE TABAC, ETC.
LA MISE EN TRAIN — L'HEURE DU TRAVAIL
LE BRUIT — LA LUMIÈRE
LES FACULTÉS VISUELLES — ÉLOGE DES MATINÉES

PARIS
LIBRAIRIE FÉLIX ALCAN
108, BOULEVARD SAINT-GERMAIN (VIᵉ)
—

1924

A la mémoire

du grand travailleur et profond penseur

JEAN FINOT,

Directeur de la Revue Mondiale.

A. C.

LE TRAVAIL INTELLECTUEL

I

L'ORDRE

L'ordre est la condition première et absolue de tout bon travail intellectuel ; et, en même temps, comme l'a très bien remarqué Fénelon[1], « l'ordre est ce qu'il y a de plus rare dans les opérations de l'esprit ».

Vous aurez beau lire ou parcourir des milliers de volumes, dépouiller quantité de dossiers, copier nombre de pages ou de paragraphes, et entasser notes sur notes, si ces extraits sont illisibles ou défectueux, si ces notes sont erronées ou embrouillées, si votre plan général est confus et mal ordonné, votre œuvre sera stérile, votre peine perdue.

Ce qu'une illustre dame disait jadis de la propreté, qu'elle était la première qualité pour une femme : « Et la seconde qualité ? — La propreté

1. *Lettre sur les occupations de l'Académie française*, IV, p. 25 (édit. Eug. Despois).

encore. — Et la troisième ? — La propreté encore
et toujours » ; — ou aussi ce qu'un célèbre général disait de l'argent : « Trois choses sont nécessaires pour faire la guerre avec succès : 1° de l'argent ; 2° de l'argent ; 3° de l'argent[1] » ; — on
peut l'appliquer à l'ordre relativement aux travailleurs : il est pour eux la plus précieuse, la plus
essentielle condition.

L'ordre, c'est d'abord d'avoir, dans vos études
et vos recherches, un but bien défini, de savoir nettement où vous voulez aller, et, avant tout, de choisir ce but en rapport, selon le précepte d'Horace,
avec vos goûts et vos forces.

> *Sumite materiam vestris, qui scribitis, æquam*
> *Viribus[2]...*

Et consultez longtemps votre esprit et vos forces,

c'est le conseil de Boileau[3].

Et le vieux Mathurin Regnier[4] :

> Il se faut reconnaistre, il se faut essayer,
> Se sonder, s'exercer, avant que s'employer,
> Comme fait un lutteur entrant dedans l'arène,

---

1. MONTECUCULLI, *Mémoires*, dans VOLTAIRE, *Histoire de
Jenni*, chap. IV ; — et *L'Intermédiaire des chercheurs et
curieux*, 10 novembre 1915, col. 264. « La saleté, chez les
femmes, est un vice tel, qu'elle ne doit même pas être pré-
vue. » (ALPHONSE KARR, *Les Guêpes*, avril 1847, t. VI, p. 205.)
« Saint François de Sales a mis la propreté au premier rang
des prescriptions pour ses Carmélites. La propreté est une
vertu, proclamait saint Augustin, pénétré d'habitudes
romaines. » (ACHILLE TOURNIER, *Pensées d'automne*, L'Amour,
les Femmes, t. I, p. 182 ; Paris, Victorion, s. d.)

2. HORACE, *Art poétique*, vers 38-39.

3. *Art poétique*, ch. I, vers 12.

4. *Satire* I, 85-96.

> Qui, se tordant les bras, tout en soy se démène.
>
> . . . .
>
> Et quand on se sent ferme, et d'une aile assez forte,
> Laisser aller la plume où la verve l'emporte.

L'ordre, c'est de savoir classer ses idées, les classer logiquement et méthodiquement[1] ; c'est aussi de savoir les garder et les mûrir, et n'en pas changer sans cesse ; c'est posséder ce qu'on nomme « l'esprit de suite ». Cette qualité manque à bien des personnes, à beaucoup de jeunes gens surtout : la jeunesse rêve volontiers de tout embrasser et de tout saisir ; elle part, comme on l'a dit, pour faire le tour du monde, et s'arrête aux Batignolles.

* *

Et comment l'idée première, l'idée mère d'un livre, puis la contexture, le plan ou canevas de ce livre, prennent-ils naissance dans le cerveau ? Est-ce peu à peu, ou tout d'un coup, d'un seul jet, comme par un trait de lumière ? Cela dépend évidemment et des cerveaux et du genre de l'ouvrage. Généralement, le trait de lumière se produit d'abord ; puis, la réflexion survenant et aidant, le plan ou canevas s'élabore, se construit peu à peu. Fréquemment, cette inspiration soudaine, ce *fiat lux* est dû à quelque événement ou incident fortuit, à une lecture, une conversation, une rencontre, etc. Balzac a très joliment répondu à cette indiscrète et insoluble

---

1. D'où le titre de LA MÉTHODE que nous aurions pu donner à ce chapitre. « Sans méthode, il n'est pas de travail utile ; c'est la méthode qui classe, qui permet d'acquérir toujours, sans rien perdre des acquisitions déjà faites... » (ÉMILE ZOLA, *Travail*, p. 227.)

question, au début de sa *Physiologie du mariage*[1] :
« Les ouvrages, dit-il, se forment peut-être dans les
âmes aussi mystérieusement que poussent les truffes
au milieu des plaines parfumées du Périgord ».

Une fois votre idée conçue, mûrissez-la donc ;
votre but assigné et fixé, sachez vous y tenir, et,
autant que faire se peut, n'en pas convoiter et courir
plusieurs à la fois. Ne vous prodiguez pas et ne vous
fatiguez pas. Ne cheminez pas au hasard, étudiez
votre route, et, pour peu que votre travail soit d'une
certaine importance et de quelque étendue, tracez-
vous au préalable un plan ou canevas.

Encore une fois, *age quod agis*, soyez tout entier
à ce que vous faites, ne laissez pas votre attention
faiblir, se détourner, errer ici ou là.

On demandait un jour à un homme remarquable
par son érudition, son éloquence et sa connaissance des affaires, comment il avait acquis tous ces
avantages, il répondit : « En étant tout entier à ce
« que je faisais dans un moment donné ». « L'habitude de l'attention est, en effet, une des conditions
les plus nécessaires de tout perfectionnement et de
tout succès...[2] »

« C'est faute de plan, a remarqué Buffon dans
son célèbre *Discours de réception à l'Académie
française*[3], c'est pour n'avoir pas assez réfléchi sur
son objet qu'un homme d'esprit se trouve embar-

1. Page 2 (Paris, Librairie nouvelle, 1876).
2. Cf. le *Magasin pittoresque*, août 1851, p. 267.
3. Buffon, *Œuvres choisies*, t. I, p. 22 (Paris, Didot, 1865).

rassé et ne sait par où commencer à écrire. Il aper-
çoit à la fois un grand nombre d'idées ; et comme
il ne les a ni comparées ni subordonnées, rien ne
le détermine à préférer les unes aux autres ; il
demeure donc dans la perplexité ; mais, lorsqu'il se
sera fait un plan, lorsqu'une fois il aura rassemblé
et mis en ordre toutes les pensées essentielles à son
sujet, il s'apercevra aisément de l'instant auquel
il doit prendre la plume ; il sentira le point de
maturité de la production de l'esprit, il sera pressé
de la faire éclore, il n'aura même que du plaisir à
écrire. »

Pour l'élaboration et la confection de ce plan, une
simple feuille de papier ne suffit pas d'ordinaire.
Prenez un cahier où vous résumerez votre idée
générale, où vous noterez vos remarques, vos corrections et additions au fur et à mesure qu'elles se
présenteront à votre esprit. Laissez en blanc, à cet
effet, les versos des pages ; laissez même à chaque
page une marge de plusieurs centimètres de lar-
geur. Je crois un cahier préférable, pour ce travail
préliminaire, à des feuilles détachées, parce que ces
feuilles pourraient se confondre avec celles de votre
copie ou de vos notes, — notes autres que les précé-
dentes et dont nous allons parler, — un cahier pas
trop exigu, du format de papier d'écolier, par
exemple, — et puis, votre plan ou canevas formant un tout complet, vous l'avez ainsi réuni, en
bloc.

Il est utile aussi, voire indispensable, de constituer

un dossier pour chacune des études que vous entreprenez, chacun des ouvrages que vous projetez d'écrire; d'avoir une enveloppe ou chemise dans laquelle vous insérez tout ce qui vous vient à l'esprit ou se rencontre dans vos lectures ou ailleurs ayant trait à ce sujet, toutes les notes relatives à ce travail[1].

Et, avant tout, n'oubliez pas cette très sage recommandation de l'Américain Carnegie, ce grand et généreux travailleur :

« N'entreprenez jamais rien de nouveau avant d'avoir examiné à fond tous les travaux qui ont pu déjà être faits sur le sujet qui vous occupe[2] », autrement vous risqueriez d'aller découvrir des phénomènes découverts longtemps avant vous ; en d'autres termes, de perdre votre temps.

---

1. Remarquons, au moins en bas de page, qu'il est des écrivains, en petit nombre, il est vrai, des humoristes et des fantaisistes particulièrement, qui n'ont jamais pu s'astreindre à un plan tracé d'avance. Tel était Laurence Sterne, l'auteur de *Tristram Shandy*. Eugène Noël, l'érudit bibliothécaire de la ville de Rouen (1816-1899), « ce délicieux écrivain qui ne ressemblait à personne », a si bien dit Élisée Reclus (Cf. EUGÈNE NOEL, *Fin de vie*, préface par Élisée Reclus, p. 5-6), était aussi de ceux-là. « J'ai besoin, soit que je parle ou que j'écrive, de la plus entière liberté, déclare-t-il dans ses *Mémoires d'un philosophe inconnu* (Cf. *La Vie littéraire*, 24 janvier 1878, chap. x). Un cadre, un plan tracé d'avance, un sujet arrêté ne me vont point ; j'aime à *fantaisie* (à *fantasier* ?) de fond et de forme, à courir çà et là dans mes discours comme à travers la campagne. » George Sand pareillement : « Quand je commence un roman, je n'ai aucun plan ; ça s'arrange tout seul pendant que je griffonne, et ça devient ce que ça peut. » (Dans MAXIME DU CAMP, *Souvenirs littéraires*, t. II, p. 357.)

2. Cf. *La Revue Mondiale*, 1er novembre 1922, p. 118.

* *

L'ordre, c'est encore de le bien régler, votre temps, d'en assurer le plus fructueux emploi, d'en tirer le meilleur parti.

On ne cesse de dire que « le temps, c'est de l'argent », *time is money*, et, le temps, nous ne le comptons pas, nous le gaspillons et le faisons gaspiller aux autres sans façon et à plaisir.

« Un honnête homme qui ne ferait pas perdre un sou à un commerçant n'aura aucun scrupule, remarque le docteur Toulouse [1], à l'entretenir longuement de choses oiseuses pendant le travail. Or, durant ce temps, le commerçant aurait pu examiner une offre de marchandises, revoir un compte, rédiger des lettres ; et il subit de ce fait un préjudice. On semble souvent perdre de vue que tout instant est prélevé sur une journée inextensible de vingt-quatre heures qui *devrait* être convenablement partagée entre les affaires, le repos, l'étude, la distraction, le sommeil. »

Le spirituel chroniqueur Nestor Roqueplan (1804-1870), qui fut aussi un très actif directeur de théâtres, avait suspendu dans l'antichambre de son appartement de la rue Taitbout un élégant cartouche du dix-huitième siècle, très artistement gravé, et qui encadrait cet avertissement : « Rien de plus insupportable aux personnes occupées que

1. Dans *le Journal,* 21 septembre 1908.

la visite des oisifs [1] ». Exemple qui a d'ailleurs été plus d'une fois suivi, notamment par un de nos grands quotidiens du matin, où cet avis est actuellement (1917) affiché en gros caractères dans la salle d'attente : « Rien n'est plus ennuyeux pour celui qui travaille que la visite des gens qui n'ont rien à faire ». Ce qui se rapporte textuellement à la sentence formulée jadis par le vicomte de Bonald (1754-1840) : « Il y a beaucoup de gens qui ne savent pas perdre leur temps tout seuls : ils sont les fléaux des gens occupés [2] ».

Voici comment le docteur Toulouse répartit l'emploi du temps pour une journée :

Sommeil.	8 heures
Soins de toilette	0 h. 3/4
Repas.	1 h. 1/4
Repos (distractions avec la famille ou des amis).	2 heures
Courses ou promenades.	2 heures
Temps réservé du travail.	10 heures
Total.	24 heures

Encore ces dix heures réservées au travail se trouvent-elles de beaucoup réduites, et par des correspondances qui, très fréquemment, n'ont rien à voir avec nos études ou notre tâche professionnelle ; puis par la lecture des journaux et par celle des livres étrangers à cette tâche ; puis par les visites qui surviennent, etc.

Pour éviter les pertes de temps, le chancelier

1. Cf. Hector de Callias, le journal *Le Voleur*, 6 mai 1870, p. 283.

2. Cf. Staaff, *La Littérature française*, t. II, p. 150.

d'Aguesseau, qui avait remarqué que sa femme
l'appelait toujours trop tôt pour se mettre à table,
prit l'habitude d'utiliser ces attentes en écrivant, et,
un jour, il lui présenta un livre qu'il avait ainsi
composé : « Voilà, lui dit-il, l'œuvre des avant-
dîners[1] ».

C'est sur nos dépenses de temps plus que sur nos
dépenses d'argent que bien des petites économies
pourraient être effectuées.

Ainsi la lecture d'un journal est rendue plus facile
et plus rapide par l'habitude que l'on a de ce
journal, par la place constante qui y est affectée
aux mêmes rubriques[2], par les titres détaillés
en gros caractères qui vous indiquent tout de
suite ce qui vous intéresse ou ce que vous pouvez
sauter, etc.

« Une revue de 96 pages, observe encore le docteur Toulouse[3], ne peut être coupée par le lecteur
en moins de quatre minutes » : voyez quelle perte
de temps, à la longue. Et cette même revue vendue
toute coupée non seulement offre une économie de
temps à l'acheteur, mais encore la coupe, effectuée

---

1. Littré, *Études et Glanures. Comment j'ai fait mon dictionnaire*, p. 418.

2. Remarquons qu'actuellement (1922) nombre de journaux,
pour la commodité de la confection ou *cuisine* du journal,
ont supprimé ce classement des articles par genres, cette
« place constante des mêmes rubriques »; les faits divers ne
sont plus tous rangés ensemble, pas plus que les affaires
judiciaires, que les nouvelles politiques, etc. Les articles se
succèdent sans classement préalable, sans ordre, séparés
seulement par des filets et surmontés d'un titre.

3. *Lieu cité.*

mécaniquement, est plus régulière et plus proprement faite.

* *

C'est non seulement dans les travaux littéraires ou scientifiques que l'ordre est de première nécessité ; son importance s'étend à toutes les choses de la vie, aux plus humbles, aux plus vulgaires, comme aux plus élevées.

S'habituer à ranger aux mêmes endroits les objets dont on se sert tous les jours, de façon à n'avoir pas à les chercher, nous épargne des pertes de temps [1] souvent considérables, sans parler de l'ennui, de l'impatience que nous occasionnent ces recherches.

Une recommandation très importante, et dont tout le monde a pu ou pourra constater la justesse, c'est d'éviter, — autant que possible, bien entendu, — de changer de place les objets, livres, dossiers, notes, etc., et cela surtout lorsqu'on avance en âge, et que la mémoire tend à s'affaiblir ; autrement l'on risque d'avoir à effectuer de longues recherches qui peuvent même demeurer stériles.

C'est dès l'enfance que l'habitude de l'ordre doit être prise ; c'est aux enfants qu'il faut s'efforcer de l'inculquer à tout prix, car, plus tard, une fois le

---

1. « L'ordre a trois avantages : il épargne le temps, soulage la mémoire et conserve les choses. » (Saint Augustin, dans Achille Tournier, *ouvrage cité*, t. I, p. 181, note 1.)

mauvais pli formé, il est bien difficile, sinon impossible, de le rectifier.

« L'idée de l'ordre en toutes choses... est la base
de toute éducation » : tel est le principe formulé par
le moraliste Joseph Joubert (1754-1824) en tête de
son chapitre sur « l'éducation » [1].

Enseigner l'ordre aux enfants, garçons et filles,
— c'est-à-dire leur apprendre à avoir soin de leurs
livres, de leurs vêtements, de toutes leurs affaires et
d'eux-mêmes avant tout ; à aimer la propreté, la
régularité, la discipline, une discipline sans con-
trainte et toute volontaire ; à fuir les dettes, et à se
bien persuader qu'à force de ne pas acheter au
comptant on finit fatalement par acheter sans
compter ; à éviter tout gaspillage ; à connaître surtout la valeur du temps, et à faire de leur mieux
tout ce qu'ils font : — tel est ou tel devrait être le
premier but de l'éducation.

« Le meilleur fruit des études bien faites est l'habitude de faire le mieux qu'on peut tout ce qu'on
fait », déclarait un jour un éminent universitaire,
Léon Crouslé, professeur à la Sorbonne [2].

S'habituer à bien faire tout ce qu'on fait : c'était
aussi la devise de Diderot, qui, en tête de sa *Lettre
sur les sourds et muets* [3], formule cette déclaration :
« Si vous vous souciez fort peu qu'un ouvrage soit

1. *Pensées de Joubert*, t. II, p. 233 (Paris, Didier, 1862).
2. Cf. la *Revue encyclopédique Larousse*, 3 novembre 1900,
p. 869.
3. Avertissement. Lettre à Monsieur ***, p. 4 (*Œuvres choisies*, Paris, Lemerre, 1888).

bon, pourvu qu'il se lise, ce dont je me soucie, moi, c'est de bien faire le mien, au hasard d'être un peu moins lu ».

Ceux qui aiment l'ordre et s'y sont accoutumés aiment à voir clair autour d'eux, à se rendre compte, un compte aussi exact que possible, des événements qui les touchent ; et ils ne se laissent guider, encore une fois, autant que la faiblesse humaine le leur permet, que par la raison, notre unique flambeau, si souvent terne, hélas ! et vacillant.

Notre grand Molière aimait l'ordre au point « de le pousser jusqu'à la minutie », habitude qu'il tenait sans doute de son père [1].

Michelet pareillement. « Toute sa vie il fut l'ordre même, nous apprend Mme Michelet dans la préface du volume *Rome* [2]. Dès l'âge de vingt ans, — celui où il commence à gagner, — on le voit inscrire chaque année, sur un cahier spécial, ses moindres dépenses. Nous les avons ainsi, mois par mois, de 1818 à 1849. » « ... Pour être plus sûr de conserver en lui le souvenir du passé..., Michelet gardait aussi tout ce qui lui venait du dehors, même ce qu'on croirait le plus insignifiant, comme les simples billets de *faire part*, les invitations aux mariages, aux enterrements, etc. S'il avait assisté à la cérémonie, il ne manquait guère d'écrire, au retour,

---

1. Victor Fournel, *De Malherbe à Bossuet*, p. 76 (Paris, Didot, 1885).
2. Page 21 (Paris, Marpon et Flammarion, 1891).

sur la lettre même, telle conversation, tel incident
qui devait lui garder inoubliables, dans l'avenir, les
impressions de la journée [1]. »

Gœthe aussi avait la passion de l'ordre poussée
au suprême degré. « On ne peut se faire une idée,
écrit l'un de ses biographes [2], de l'amour inouï qu'il
avait pour l'ordre et la régularité ponctuelle en
toute chose ; c'était presque une manie. Non content de classer chaque mois, en d'épais volumes et
selon la date, d'une part, toutes les lettres qu'il
recevait, de l'autre, les brouillons ou les copies de
celles qu'il écrivait, il tenait encore des tablettes
périodiques où se trouvaient mentionnés, jour par
jour, heure par heure, ses études, ses progrès, ses
relations personnelles, et dont il faisait, au bout de
l'an, une sorte de résumé synthétique. Cet esprit
méthodique s'étendait jusqu'aux plus petits détails.
La moindre lettre d'invitation devait être écrite nettement, pliée et scellée avec le plus grand soin.
Toute absence de symétrie, une tache, une ligne de
travers, lui était insupportable. Il suffisait d'un
cadre de mauvais goût ou d'un simple pli dans la
marge pour corrompre les jouissances qu'il pouvait avoir en face de la plus belle gravure ; car il
fallait que tout ce qui l'entourait ou qui sortait de
lui fût et se maintînt à l'unisson avec la clarté

1. MICHELET, *Ma Jeunesse*, Préface (par Mme J. Michelet),
p. IX (Paris, C. Lévy, 1884).
2. HENRI BLAZE, *Essai sur Gœthe*, en tête de la traduction
de *Faust*, p. 93 (Paris, Charpentier, 1859).

sereine de sa vue extérieure, et rien ne devait troubler l'harmonie de ses impressions. »

Impossible de dire, en parlant des deux Alexandre Dumas : Tel père, tel fils. Au contraire : autant l'un, le fils, avait de l'ordre et de l'économie, autant l'autre se montrait prodigue et désordonné.

Alexandre Dumas fils avait coutume, quand son travail ne marchait pas à son gré, de quitter sa table et de procéder au rangement de ses papiers, de « faire son ménage », comme il disait. Son père était quasiment scandalisé de ce soin et de cet esprit d'ordre et de méthode : « Ce garçon-là n'arrivera jamais à rien ! s'exclamait-il. Songez donc qu'il a douze paires de bottes, toutes rangées et alignées à la perfection dans son armoire [1] ! »

L'ordre, dans le ménage, c'est l'économie (*oikos*, maison ; *nomos*, loi, règle), la règle et la loi de la bonne gestion d'une maison.

Celui qui ne sait pas administrer sa fortune, qui fait fi de la modération et de la prévoyance, et, s'abandonnant à toutes ses fantaisies, dépense plus qu'il ne gagne, sans s'effrayer ni se soucier même du poids de ses dettes et des réclamations ou lamentations de ses créanciers, celui-là mène une existence coupable et agit en mauvais citoyen.

Pour une jeune fille, quels que soient sa condition

---

1. Cf. *Le Figaro*, 14 septembre 1878. Supplément.

et son état de fortune, l'ordre est la plus avantageuse, la plus précieuse des dots : une femme d'ordre est toute sa vie la providence d'une maison.

La célèbre Mme Geoffrin (1699-1777) avait fait graver sur ses jetons cette maxime : « L'économie est la source de l'indépendance et de la liberté [1] ».

Mirabeau, lui, appelait l'économie « la seconde providence du genre humain [2] ».

Sur ces questions de l'ordre, du travail, de l'économie, Benjamin Franklin (1706-1790), « le Bonhomme Richard », a rassemblé une série de préceptes universellement connus, et dont voici quelques spécimens :

« L'oisiveté, comme la rouille, use plus que le travail. »

« Nous aurons le temps de dormir dans la tombe. »

« L'oisiveté rend tout difficile, le travail rend tout aisé. »

« Fainéantise va si lentement que pauvreté l'atteint tout de suite. »

« Pour manier vos outils, ne prenez point de mitaines : chat ganté n'attrape pas de souris. »

« A force de petits coups on abat les grands chênes. »

« Trois déménagements valent un incendie. »

1. Cf. Sainte-Beuve, *Causeries du lundi*, t. II, p. 325.
2. Mirabeau, *Discours sur la caisse La Farge*, Œuvres, t. V, p. 81 (édit. Vermorel).

« Avec ce que coûte un vice on élèverait deux enfants. »

« Bon marché a ruiné bien des gens. »

« Veux-tu savoir le prix de l'argent ? Essaie d'en emprunter. »

« Il est difficile qu'un sac vide se tienne debout. »
Etc., etc.

Il me faudrait tout citer, et force m'est de renvoyer à cet opuscule [1].

Un autre illustre Américain, Thomas Jefferson (1743-1826), qui fut président de la République des États-Unis, et à qui l'on doit ce fameux apophtegme : « Tout homme a deux patries, la sienne et la France », a formulé *Dix règles de conduite*, qui ont aussi leur place toute marquée ici [2] :

« I. — Ne renvoyez jamais à demain ce que vous pouvez faire aujourd'hui. »

« II. — N'employez pas autrui pour ce que vous pouvez faire vous-même. »

« III. — Ne dépensez pas votre argent avant de l'avoir gagné. »

« IV. — N'achetez jamais ce qui vous est inutile, sous prétexte que c'est bon marché. »

---

1. *La Science du bonhomme Richard ou le Chemin de la Fortune*, par Benjamin Franklin (Paris, Henry Bellaire, 1872). Voir aussi les *Mémoires* de Franklin, dont cet opuscule est extrait.

2. Voir le journal *Le Voleur illustré*, 19 septembre 1897, p. 599. — Dans un ordre d'idées différent, moins général, voir plus loin, chap. IV, *L'Hygiène*, p. 120, un autre plan de conduite tracé par Alexandre Dumas fils.

« V. — La vanité et l'orgueil nous coûtent plus
que la faim, la soif et le froid. »

« VI. — Nous ne nous repentons jamais d'avoir
mangé trop peu. »

« VII. — Rien n'est fatigant si c'est fait de bon
cœur. »

« VIII. — Que de chagrins nous ont donné des
malheurs qui ne sont jamais arrivés ! »

« IX. — Prenez toutes les choses par le bon
bout. »

« X. — Si vous êtes irrité, comptez jusqu'à dix
avant de parler, et jusqu'à cent si vous êtes fort en
colère. »

Afin d'animer et de varier un peu mon aride sujet,
je glisserai ici deux antiques légendes ou paraboles
qui confirment on ne peut mieux certains des aphorismes précédents.

Celle-ci d'abord, cette ballade contée par Gœthe,
et qui est « un grand enseignement »[1] :

« Jésus-Christ, accompagné de ses disciples, se
dirigeait un jour vers une petite ville de la Palestine,
quand il aperçut au milieu de la route quelque chose
de brillant. C'était un fer à cheval qui était cassé.
Jésus dit à saint Pierre de le ramasser, mais
saint Pierre n'était pas disposé à se déranger et se
baisser pour si peu. Tout en marchant, il ruminait,
paraît-il, d'ambitieux projets, rêvait de puissance et

1. Cf. Champfleury, *La Légende du bonhomme Misère*, dans
Les Sensations de Josquin, p. 275-276 (M. Lévy, 1859).

de richesses, et, vraiment, s'arrêter et courber le
dos pour une moitié de fer à cheval, c'eût été
dérisoire.

« Il se détourna et fit semblant de ne pas entendre
ce que lui disait son Maître.

« Jésus ramassa lui-même le fer, et, en arrivant
dans la ville, comme on passait devant l'atelier d'un
forgeron, il offrit ce fer brisé à l'ouvrier assis devant
sa porte, et reçut de lui en échange la modique
somme de trois deniers.

« A quelques pas de là se trouvait un marché
qu'on traversa, et Jésus, voyant de belles cerises,
en acheta autant qu'on peut en avoir pour trois
deniers. Ces cerises, il les mit, selon la coutume du
pays, dans un pli de sa manche.

« Au sortir de la ville, on s'engagea dans un chemin qui traversait des prairies et des champs, et
était entièrement dépourvu d'ombre. Le soleil y
dardait d'aplomb ses brûlants rayons ; la chaleur
était accablante, les gosiers se desséchaient, et l'on
eût donné, non pas quelques deniers, mais de l'argent, mais de l'or, pour un peu d'eau.

« Jésus, qui marchait en avant, laissa choir,
comme par mégarde, une de ses cerises. Saint Pierre
de se précipiter aussitôt et se mettre à deux genoux
pour la ramasser.

« Il faut croire que la cerise humecta bien agréa-
blement le palais de l'apôtre, car, un instant après,
Notre-Seigneur ayant laissé tomber une seconde cerise, Pierre s'élança bien vite et s'en empara de même.

« Jésus continua quelque temps le même manège
et se plut à faire ainsi ployer l'échine et fléchir le
jarret à son disciple. Puis il lui dit :

« Pierre, si tu t'étais baissé quand il le fallait,
c'est-à-dire pour ramasser le fer à cheval, tu aurais
mangé tes cerises plus commodément. Celui, vois-tu,
qui néglige les petites choses, risque souvent de se
donner beaucoup de mal pour des affaires encore
moins importantes. »

Voici, à peu près dans le même ordre d'idées,
l'autre récit, encore une histoire de fer à cheval, qui
se trouve d'ailleurs résumée ainsi par Franklin[1] :
« Faute d'un clou le fer est perdu, faute d'un fer le
cheval est perdu, et faute d'un cheval le cavalier
lui-même est perdu ».

Un paysan, baptisé Gros-Pierre, sella un matin
son cheval, dans l'intention de porter à son proprié-
taire, qui habitait un bourg voisin, le montant du
loyer de la ferme qu'il gérait. Comme il mettait le
pied à l'étrier, il s'aperçut qu'il manquait un clou à
l'un des fers de Cocotte, superbe normande qu'il
avait acquise depuis peu et dont il n'avait qu'à se
louer.

« Bast ! se dit-il, je n'ai pas le temps de le
remettre ; et, d'ailleurs, cela n'a pas d'importance !
Pour un clou, ma bête ne restera pas en route. Rien
à craindre ! »

----

1. *Ouvrage cité,* p. 59.

« Pas d'importance ! Rien à craindre ! Pas de danger ! » Ce sont les refrains accoutumés de quantité de gens, pour excuser leur paresse ou leur négligence.

Gros-Pierre partit.

Il cheminait depuis moins d'une heure lorsqu'il constata que sa jument avait perdu le fer où il manquait un clou.

« Diantre ! s'écria-t-il, voilà qui est fâcheux ! J'ai grande envie de m'arrêter à la forge du prochain carrefour et de faire arranger Cocotte comme il faut. Mais, se ravisa-t-il presque aussitôt, est-ce bien la peine ? Je perdrais du temps... Le bourg n'est plus très éloigné, et Cocotte peut bien marcher avec trois fers seulement : elle n'en mourra pas ! »

Et il se remit à trotter de plus belle.

Mais voici que tout à coup Cocotte commence à boiter : une longue épine lui est entrée dans le pied.

« Morbleu ! On croirait, ma parole, que le diable s'en mêle ! s'exclame Gros-Pierre exaspéré. Heureusement qu'il y a ici près un vétérinaire où je pourrai conduire ma bête pour la faire soigner », ajoute-t-il bientôt et plus tranquillement.

Un moment de réflexion s'écoule, et Gros-Pierre reprend :

« Après tout, j'ai tant fait !... Pas de danger, voyons ! Je n'ai plus devant moi qu'un quart de lieue à peine.... Cocotte peut bien me conduire jusque-là. Il suffit pour l'instant que je lui retire cette maudite épine.... Il est regrettable qu'il fasse si chaud et

que mes sacs d'écus soient si lourds, j'aurais effec-
tué le restant de la route à pied ; mais, par cette
chaleur et avec ce poids, il n'y faut pas songer.... »

Tout en raisonnant de la sorte, il continuait à faire
marcher le mieux possible la pauvre boiteuse, qui
butait à chaque pas, et qui, dans un soubresaut
plus violent, jeta soudain son maître sur un des tas
de cailloux qui bordaient la route.

Gros-Pierre se démit l'épaule.

On le transporta au village le plus proche, et l'on
y conduisit pareillement l'infortunée Cocotte, cause
et victime tout à la fois de cet accident, et, durant
plus d'un mois, il fallut soigner l'homme et le cheval, ce qui coûta gros. Aussi le pauvre Gros-Pierre,
désolé de perdre ainsi son temps et son argent, ne
cessait-il de répéter :

« Ah ! combien ma bonne femme de mère avait
raison quand elle assurait qu'*il n'y a pas de petites
négligences* ! Voyez un peu : si j'avais remplacé tout
de suite le clou qui manquait, Cocotte n'aurait pas
perdu son fer ; si, dès que je me suis aperçu que ce
fer avait disparu, je le lui avais fait remettre, elle
ne se serait pas blessée ; enfin, si je l'avais fait pan-
ser à temps, elle n'aurait pas failli me tuer moi-
même.... Voilà une dure leçon, et qui me ser-
vira ! » conclut Gros-Pierre[1].

Et puisse-t-elle aussi nous servir à nous tous !

1. Cf. Comtesse de Bassanville, *De l'ordre et de l'économie
intérieure*, dans la *Semaine des familles*, 1er septembre 1860,
p. 773-774.

II

LA CLARTÉ

De l'ordre, si bien qualifié par Horace[1] *lucidus
ordo*, découle, ou du moins doit provenir et resplen-
dir, la clarté, autre condition essentielle de tout bon
travail.

Avant tout, se faire comprendre, — tel est le premier devoir de l'écrivain, sa première et plus constante préoccupation.

« Quand un auteur parle au public, a dit Fénelon
dans un passage à bon droit célèbre[2], il n'y a
aucune peine qu'il ne doive prendre pour en épar-

1. *Art poétique*, 41.
2. *Lettre sur les occupations de l'Académie française*,
p. 39; édit. E. Despois. On connaît aussi la non moins fameuse
déclaration de Jean-Jacques : « Ma première règle, à moi qui
ne me soucie nullement de ce qu'on pensera de mon style, est
de me faire entendre. Toutes les fois qu'à l'aide de dix solé-
cismes je pourrai m'exprimer plus fortement ou plus claire-
ment, je ne balancerai jamais. » Etc. (*Lettre sur une nouvelle
réfutation....* Note, *Œuvres complètes*, t. I, p. 69 ; Paris,
Hachette, 1862.) Voir une profession de foi littéraire analogue
dans une lettre de Rousseau à M. du Peyrou, 12 avril 1765 ;
Œuvres complètes, t. VIII, p. 2.

gner à son lecteur ; il faut que tout le travail soit
pour lui seul, et tout le plaisir avec tout le fruit pour
celui dont il veut être lu. »

C'est aussi la suprême recommandation de Diderot : « Il n'y a sorte de précautions qu'il ne faille
prendre pour être clair[1] » .

Et Gœthe : « On ne saurait croire combien on a
besoin d'être clair et précis avec le public[2] ».

Bien avant eux, Quintilien, dans son *Institution
oratoire*[3], avait déclaré que « la clarté est la qualité
première et fondamentale du style ».

Au dix-septième siècle, comme nous pourrions en
citer quantité d'exemples, on ne craignait pas les
répétitions de mots, conformément au précepte de
Pascal[4] :

« Quand dans un discours se *trouvent* des mots
répétés, et qu'essayant de les corriger on les
trouve si propres qu'on gâterait le discours, il les
faut laisser.... »

Et Fénelon[5] encore : « Auguste (l'empereur)
voulait qu'on usât de répétitions fréquentes, plutôt
que de laisser quelque péril d'obscurité dans le
discours. En effet, le premier de tous les devoirs
d'un homme qui n'écrit que pour être entendu est

---

1. *Œuvres choisies*, t. II, p. 157 ; édit. F. Génin.
2. Lettre de Gœthe à Schiller, 10 novembre 1798. *Correspondance*, t. II, p. 26 (Paris, Charpentier, 1879).
3. Livre VIII. Voir aussi J.-S. MAURY, *Essai sur l'éloquence de
la chaire*, chap. 38, p. 179.
4. *Pensées*, art. VII, 21 ; p. 129 ; édit. Ernest Havet (classique).
5. *Ouvrage cité*, ibid.

de soulager son lecteur en se faisant d'abord entendre. »

Nous sommes loin, on le voit, des théories de certaines écoles modernes dites *décadentes, déliquescentes, symbolistes, futuristes*, etc., dont les adeptes s'appliquent, au contraire, à ne pas être compris, se plaisent aux logogriphes et rébus, si ce n'est plutôt aux mystifications [1]. Molière, par la bouche de son paysan Lucas, du *Médecin malgré lui* (II, 6), a ridiculisé d'avance ces prétentieux farceurs : « Oui, ça est si biau que je n'y entends goutte [2] ».

---

1. Balzac, lui, au dire du célèbre dessinateur Bertall (1820-1882), s'amusait souvent à intriguer ainsi et mystifier ses lecteurs. Chargé d'illustrer *la Comédie humaine*, Bertall, lorsqu'il rencontrait une phrase un peu ténébreuse ou embrouillée, allait droit à l'auteur : « Mon cher maître, voici un passage que je ne comprends pas très bien ». Balzac prenait le livre, lisait l'endroit désigné, et se mettait à rire. « En effet, disait-il, c'est du galimatias tout pur ; mais c'est voulu ! — Comment, voulu ? — Parfaitement ! Vous entendez bien, mon cher Bertall, que si le public n'était pas arrêté de temps à autre par quelque phrase bien enchevêtrée ou quelque mot très hérissé, il se croirait aussi malin que l'auteur qu'il lit. Tout ce qui est clair lui paraît trop facile. Il se figure, le naïf, qu'il *en ferait autant*! Il ignore, ce satané public, que ce qu'*il y a de plus difficile, c'est d'être simple*. C'est pourquoi je saupoudre quelquefois mes romans d'une bonne petite obscurité, afin que le bon lecteur se prenne la tête à deux mains et dise : « Je ne comprends pas du tout ! Ça me dépasse ! Sapristi ! tout de même, comme ce Balzac est fort ! » (Le journal *Le Soleil*, 12 avril 1882.) Voir aussi Jules Claretie, *Camille Desmoulins*, chap. iv, p. 230, note 1.

2. Cf. aussi Lucrèce, *De rerum natura*, I, 642-643 :
Omnia enim stolidi magis admirantur amantque,
Inversis quae sub verbis latitantia cernunt.
(Les sots estiment et admirent surtout ce qui se cache sous des mots embrouillés.)

Rien n'élucide mieux une proposition que des exemples. « Les exemples sont toujours plus sensibles que les préceptes », a fort bien dit La Harpe [1], et le fait est si vrai, d'une telle évidence, qu'une démonstration serait ici superflue.

Représentez-vous seulement une grammaire dépourvue d'exemples, quelle aridité ! quelle inutilité ! pourrait-on dire. Ne sont-ce pas les exemples qui nous servent à retenir les règles ? (*Eo lusum ; Doctior Petro ; Felicior quam prudentior*, etc.)

> *Longum iter per praecepta,*
> *Breve et efficax per exempla,*

selon la formule latine [2].

Remarquons, en outre, qu'un texte divisé en sections ou chapitres, et contenant de fréquents alinéas, est d'une compréhension plus rapide, d'une lecture bien plus facile que si ce même texte se déroulait sans divisions ni interruptions, sans « blancs ». Dans son indigeste grammaire, G.-H. Aubertin (1809-1876) compare très ingénieusement une lettre sans alinéas à un escalier sans paliers [3] : c'est bien cela, on monte, on monte, et jamais

---

1. *Lycée ou Cours de Littérature*, t. III, 2ᵉ partie, p. 354 (Paris, Verdière, 1817).

2. Cf. SÉNÈQUE, *Lettres à Lucilius*, 6.

3. *Grammaire moderne des écrivains français*, p. 470 (Bruxelles, Lacroix, 1861). — Gabriel-Henri Aubertin, qu'il ne faut pas confondre avec Charles Aubertin, l'érudit et judicieux annotateur de Virgile et de La Fontaine, est mort par suicide, après avoir été atteint d'aliénation mentale, et sa

d'arrêt, jamais de place où l'on puisse faire une pause et souffler un instant.

Cette différence de lisibilité due aux alinéas est apparente surtout dans les énumérations, les listes de noms, d'adresses, de titres, etc. Prenez une de ces listes, et imprimez ces noms à la suite les uns des autres, sans interruption ; puis imprimez-les en mettant à la ligne chaque nom ou article, et vous constaterez aussitôt combien cette dernière liste se lit plus aisément que l'autre, combien les alinéas donnent de la clarté aux textes.

Remarquons aussi que les longues lignes, surtout si elles sont imprimées en petits caractères, se lisent bien moins facilement que les lignes courtes.

Jadis, c'est-à-dire antérieurement au dix-neuvième siècle, les ouvrages non partagés en chapitres et tout d'une traite n'étaient pas rares. Racine écrit d'affilée son *Abrégé de l'Histoire de Port-Royal*, et se borne à le scinder simplement en deux parties [1]. De même l'abbé Vertot (1655-1735) et ses *Révolutions de Portugal*, qui comprennent une centaine de pages, et ses *Révolutions de Suède*, qui en comptent deux cent vingt, et ne comportent aucune division [2]. Pas de chapitres non plus dans *la Religieuse* de Diderot, ni dans *Paul et Virginie*, ni dans

grammaire, remplie de fautes typographiques et autres, révèle souvent un singulier état d'esprit.

1. Cf. *Œuvres complètes de Racine*, t. III, p. 16-108 ; Paris, Hachette, 1864.

2. Cf. *Les Petits Chefs-d'œuvre historiques*, t. II ; Paris, Didot, 1860.

Manon Lescaut, qui est simplement sectionnée en deux grandes parties de plus de cent pages chacune.

Les romans de Balzac ont été tous, ou presque tous, originairement publiés divisés en chapitres et chaque chapitre portant un titre spécial. Ce sont les premiers éditeurs de *la Comédie humaine* qui, pour économiser la place, et au grand regret de l'auteur, se sont avisés de supprimer ces séparations et ces titres [1].

Aujourd'hui, roman, étude historique ou dissertation philosophique, tout ouvrage de quelque étendue exige des divisions plus ou moins égales entre elles et plus ou moins nombreuses. On cherche, on s'ingénie à faciliter la tâche du lecteur, à lui épargner toute fatigue, et l'on a raison.

*
* *

L'emploi des pronoms est une cause très fréquente d'amphibologie [2], d'autant que, pour exprimer la possession à la troisième personne grammaticale, nous n'avons qu'un pronom en français, *son*, *sa*, *ses*, et ne pouvons recourir à deux termes analogues au *suus* et *ejus* des Latins, ou au *sein* et *ihr* des Allemands, qui indiquent nettement le possesseur et tranchent la difficulté.

---

1. Cf. Charles de Lovenjoul, *Histoire des œuvres de H. de Balzac*, Avant-propos, p. 1 ; Paris, C. Lévy, 1879.

2. « La difficulté d'employer les pronoms et les conjonctions, sans nuire à la clarté et à l'élégance, est très grande en français. » (Voltaire, *Commentaires sur Rodogune* ; Œuvres complètes, t. IV, p. 466; édit. du journal *Le Siècle*.)

« Elle parla à son fils de *sa* position. » Régulièrement, le pronom *sa* se rapporte à *elle*, sujet de la phrase. S'il s'agissait de la position du fils, il faudrait user d'une autre tournure : « Elle parla à son fils de la position qu'il occupait », etc.

« La tante Clémence demanda à *son* père la permission d'emmener Marguerite dîner avec elle[1] : » Régulièrement encore, c'est le père de la tante Clémence (sujet du verbe) qui est désigné ; cependant, c'est du père de Marguerite qu'il est question, c'est à lui que la tante Clémence demande la permission ; le sens de la phrase semble du moins l'indiquer.

Les autres pronoms : *il, elle, on, le, la, les*, etc., peuvent donner lieu aussi à bien des confusions :

« Un homme de la Cour qui n'a pas un assez beau nom doit l'ensevelir sous un meilleur ; mais s'il l'a tel qu'il ose le porter, il doit alors insinuer qu'*il* est de tous les noms le plus illustre... » ; lit-on dans La Bruyère[2].

Le dernier *il* se rapporte à *nom*, tandis que les trois précédents se rapportent à *homme*, ce qui est contraire à la grammaire aussi bien qu'à la logique, et nuit à la clarté de la phrase.

Et Bossuet : « Le prince de Condé... avec son fils et sa belle-fille... Il leur donne ses derniers ordres, où tout respirait la piété. Il *les* finit en *les* bénis-

---

1. ALPHONSE KARR, *Raoul*, p. 65 ; Paris, M. Lévy, 1859.
2. *Les Caractères*, De la Cour, p. 173 ; édit. Hémardinquer ; Paris, Dezobry, 1849.

sant[1] ». Le premier *les* se rapporte à *ordre*, le second à *fils* et *belle-fille*.

Et La Bruyère encore, ce maître styliste, qui amalgame ou transpose ainsi le pronom indéfini *on*, en l'appliquant à deux sujets différents : « Si l'*on* ne se précautionne à la Cour contre les pièges que l'*on* y tend sans cesse pour faire tomber dans le ridicule, l'*on* est étonné, avec tout son esprit, de se trouver la dupe de plus sots que soi[2] ».

Etc., etc.

Il est vrai que, parfois, ces équivoques sont amenées avec intention. Telle cette annonce qu'on attribue — à tort, paraît-il, — à Molière, lors de l'interdiction, par le premier président Lamoignon, d'une représentation de *Tartuffe* : « Nous allions vous représenter le *Tartuffe*, mais M. le premier Président ne veut pas qu'on *le* joue[3] ».

Une autre fréquente cause d'amphibologie provient de l'emploi de *l'un*, *l'autre*, *les uns*, *les autres*, et de *celui-ci*, *celui-là*, *ceux-ci*, *ceux-là*, servant à désigner les personnes ou les choses dont on vient de parler. A quelle personne ou à quelle chose doit se rapporter *l'un* et doit se rapporter *l'autre*, doit se rapporter *celui-ci* et doit se rapporter *celui-là* ?

---

1. *Oraison funèbre de Louis de Bourbon, prince de Condé*, p. 351 ; Paris, Dezobry, s. d.

2. *Les Caractères*, De la Cour, p. 198.

3. Cf Molière, *Œuvres*, t. IV, p 308 ; édit. des Grands Écrivains.

La règle posée par la *Grammaire des Grammaires*[1] c'est que « *l'un* se met pour les personnes ou pour les choses dont on a parlé d'abord ; *l'autre*, pour celles dont on a parlé en dernier lieu ».

Bertrand avec Raton, *l'un* singe et *l'autre* chat[2].

L'un, le singe, Bertrand, énoncé le premier.

« A l'École normale, fondée en 95, Bernardin de Saint-Pierre et Saint-Martin se retrouvèrent, *l'un* comme professeur de morale, *l'autre* comme élève-auditeur. Bernardin ne fit qu'une séance d'ouverture et ajourna ses leçons[3]. »

L'un, Bernardin de Saint-Pierre, est énoncé le premier.

Mais, très souvent, c'est le contraire qui a lieu, c'est au nom cité le dernier, — le plus rapproché du pronom *l'un*, par conséquent, — que ce pronom se rapporte.

« Jupiter et Hercule furent placés au rang des dieux, *l'un* par le nombre de ses victoires, *l'autre* par le bonheur et la tranquillité de son règne. »

Dans cette phrase de Massillon[4], *l'un* se rapporte au dernier nom cité : Hercule, célèbre par ses travaux ou victoires.

Victor Duruy[5] écrit de même : « La Grèce et

---

1. T. I, p. 410 ; Paris, Cotelle, 1859.
2. La Fontaine, *Fables*, IX, 17.
3. Sainte-Beuve, *Portraits littéraires*, t. II, p. 129.
4. Sermon pour le jour de la Circoncision, *Sermons*, p. 353 ; Paris, Didot, 1873 ; in-18.
5. *Histoire des Grecs*, t. III, p. 637.

Rome sont les deux faces du monde classique :
l'une sévère et dure, *l'autre* jeune et souriante. »

L'une, Rome, mentionnée en dernier lieu.

On pourrait tourner la difficulté et épargner au
lecteur tout embarras en mettant *le premier* ou *la
première*, au lieu de *l'un* ou de *l'une*.

Ainsi, dans cette phrase de Crétineau-Joly[1] : « A
l'égard de Mlle de Valois et de Mlle de Montpensier,
épousant, l'*une* le duc de Modène, l'*autre* le prince
des Asturies... », remplacez l'*une* par la *première*, et
toute incertitude disparaîtra, Mlle de Valois ayant
bien épousé le duc de Modène.

Quant à *celui-ci*, *celui-là*, on est d'accord pour
« rapporter le premier au nom ou à l'objet le plus
rapproché, le second au nom ou à l'objet le plus
éloigné[2] ». Il n'y a donc ici, grammaticalement et
régulièrement, aucune difficulté.

> Dans une ménagerie
> De volatiles remplie
> Vivaient le cygne et l'oison :
> *Celui-là* destiné pour les regards du maître,
> *Celui-ci* pour son goût...[3].

Celui-ci se rapporte à l'*oison*, qui est le dernier
nom mentionné, et, par conséquent, le plus rapproché du pronom.

On se servait jadis — au dix-huitième siècle
notamment — bien plus fréquemment qu'aujourd'hui

1. *Histoire de Louis-Philippe*, t. I, p. 76.
2. Littré, *Dictionnaire*, art. Celui-ci.
3. La Fontaine, *Fables*, III, 12.

des pronoms démonstratifs : *celui, celle, ceux*..., et il est certaines phrases de cette époque qui nous étonnent quelque peu ou nous déconcertent. « Monsieur, tel est mon malheur. Il y a quinze ans que, voyageant sur mer avec cette femme que vous voyez entourée de mes amis, et qui me méconnaît aujourd'hui, nous eûmes *celui* d'essuyer une tempête affreuse[1]. » *Celui*, ce malheur d'essuyer une tempête.

La ponctuation a aussi une grande influence sur le sens et la clarté de la phrase.

Les typographes d'autrefois employaient bien moins de virgules que ceux d'aujourd'hui ; et, malgré les véhémentes protestations d'Eugène Mouton[2] : — « Depuis quelques années surtout, on peut dire qu'il pleut des virgules dans les ateliers de typographie... Partout où la moindre fissure peut être assimilée à une incise, les correcteurs fourrent une virgule, » etc., — il faut reconnaître que les typographes modernes ont raison, ici comme tout à l'heure à propos des alinéas et des « blancs », et que ces virgules, « fourrées » aux incises et autres bons endroits, donnent à la phrase plus de désinvolture et de lumière.

1. LE SAGE, *Le Bachelier de Salamanque*, t. II, p. 116-117 ; Paris, Bibliothèque nationale, 1873.
2. *L'art d'écrire un livre, de l'imprimer et de le publier*, p. 133 ; Paris, Welter, 1896.

Supprimez les deux virgules dans la phrase suivante, et vous verrez la différence de signification que vous obtiendrez : « Il vient, d'ailleurs, tout exprès pour vous exprimer.... » C'est-à-dire : Il vient, du reste,... il vient, au surplus, tout exprès pour, etc. Sans les virgules : Il vient d'ailleurs tout exprès... signifie ou peut signifier : Il vient d'un autre endroit que celui-ci, que celui qui nous occupe, tout exprès pour....

A propos de la locution *d'ailleurs*, M. Maurice Donnay a égayé de cette anecdote le discours prononcé par lui à la distribution des prix du lycée Louis-le-Grand, le 31 juillet 1909[1] : « Un jour, mon voisin (de classe), l'élève Bernès, récitait sa leçon : c'étaient des vers d'*Athalie*. Il les récitait de cette façon chantante, monotone, en un mot, scolaire, du moins de mon temps, et dont nous récitions toute prose ou poésie française ou latine. Lorsqu'il fut arrivé à ces deux vers :

> Mathan, d'ailleurs, Mathan, ce prêtre sacrilège,
> Plus méchant qu'Athalie, à toute heure l'assiège...

« Ah ! mon petit Bernès, s'écria M. Chambon (le professeur),

> Mathan d'ailleurs Mathan...

respirez, séparez « d'ailleurs » de « Mathan », ce pauvre homme ! Vous dites cela comme si « d'ailleurs » était son petit nom et « Mathan » son nom de famille ».

1. Voir le journal *Le Temps*, 1er août 1909.

Oui, séparez « d'ailleurs », placez-le entre virgules, afin d'éviter toute confusion.

De même, changez la place de la virgule dans la
phrase suivante, vous changez absolument la signification de cette phrase :

« Ainsi que je vous le disais avant mon départ, je
ne manquerai pas de voir votre frère. »

« Ainsi que je vous le disais, avant mon départ je
ne manquerai pas de voir votre frère. »

Et dans ces autres phrases également, l'addition
ou la suppression d'une virgule modifie le sens :

« Je vous crois mon ami, et je vous avertis
que... » (C'est-à-dire : Je crois que vous êtes mon
ami ; « mon ami » est régime ou complément.)

« Je vous crois, mon ami, et je vous avertis
que... » (C'est-à-dire je vous crois, vous qui êtes mon
ami ; ici, « mon ami » est un vocatif.)

Pardonnez-moi encore une fois, cher père... »
(C'est-à-dire : Pardonnez-moi une fois de plus.)

« Pardonnez-moi, encore une fois, cher père... »
(C'est-à-dire : Pardonnez-moi, je vous le demande
encore une fois.)

Etc., etc.

Comme exemple des altérations de sens causées
par les altérations de ponctuation, on cite souvent
cette inscription latine devenue légendaire :

Porta, patens esto. Nulli claudaris honesto.

(Porte, reste ouverte. Ne sois fermée à aucun
honnête homme.)

Porta, patens esto nulli. Claudaris honesto.

(Porte, ne reste ouverte pour personne. Sois fermée à l'honnête homme[1].)

Dans ses *Impressions et Souvenirs*[2], George Sand a réclamé, elle aussi, et tout aussi injustement qu'Eugène Mouton, contre l'abus moderne des virgules, particulièrement avant le pronom *qui*. Ainsi, dit-elle, pourquoi mettre une virgule dans cette phrase avant le *qui* : « Elle s'approcha de la lampe, qui finissait de brûler »? Mais parce que, répondrons-nous, si l'on supprime la virgule, la phrase change de sens. Avec la virgule, il n'est question que d'une seule lampe, qui, circonstance particulière, « finissait de brûler ». Sans la virgule, la personne en question, entourée de plusieurs lampes, s'approche de celle « qui finissait de brûler ». Explication que l'auteur d'*Indiana* aurait trouvée, du reste, dans tous les traités de ponctuation.

On a remarqué que l'historien Michelet abuse, au contraire, des virgules et des points. « Il use de la virgule deux fois plus que tout autre écrivain ; il sépare le substantif de son épithète par une virgule, afin de lui donner plus de force ; tantôt il hache ses phrases menu et emploie alors tous les signes possibles de ponctuation[3]... » Exemples :

« ... Mais cela même était un avantage. Rien de gâté d'avance. La virginité du désert. Ce n'était pas

1. Cf. Eugène Boutmy, *Dictionnaire de l'argot des typographes*, Coquilles, p. 115 (Paris, Marpon, 1883).
2. Paris, C. Lévy, 1873.
3. Larousse, *Grand Dictionnaire*, art. Ponctuation.

comme le Canada, une méchante petite Europe, pourrie d'abus et de jésuites. On avait fort sagement laissé ce Canada à part. Il aurait gâté tout le reste[1] ». Etc.

« L'abbé Prévost... Esprit charmant, facile, faconde intarissable, tête chaude et quasi-irlandaise. Tout imagination. Il en fut dupe toute sa vie... Il se croyait bon gentilhomme... Il servit. Il aima. » Etc.[2].

« ... Elle règne (la Pompadour). A l'instant, subit enfoncement. Tout baisse. C'est l'avènement désolant de la platitude. On voit avec effroi ce qu'elle était. Voltaire dit : la grisette. C'est trop. » Etc.[3].

Alphonse Karr, lui, afin de bien détacher ses mots ou ses phrases, usait et abusait des tirets, — des *moins* en langage typographique, — qui, régulièrement, ne doivent s'employer que pour indiquer, dans un dialogue, le changement d'interlocuteurs, ou servir occasionnellement de parenthèses. (Je vous disais, mon ami, — car je vous crois mon ami, — que...) Il suffit de feuilleter les six tomes des *Guêpes* (Paris, Calmann Lévy, 1880) pour constater cet abus qui, renouvelé à chaque ligne, finit par aller contre les intentions de l'auteur, et demeure sans utilité. Il n'y a plus de relief là où tout est en relief.

---

1. Michelet, *Histoire de France*, t. XVII, p. 179 ; Paris, Marpon et Flammarion, 1879.
2. Id., *même ouvrage*, t. XVII, p. 209.
3. Id., *même ouvrage*, t. XVIII, p. 392.

« Tableau d'*Ève et le Serpent.* — Ève est rose vif, — le serpent lilas ardent, — l'arbre vert furieux. — Une grande plante assez bien peinte jaune féroce. — L'arc-en-ciel ferait soupçonner[1]... »

« M. Amaury Duval, — jeune peintre fort estimé de ses confrères, — a encore exposé un portrait de madame Véry — qui est une très belle personne. Je ne sais vraiment[2]... »

*   *
*

Les accents ainsi que les points sur les *i* facilitent de beaucoup la lecture, surtout celle des textes manuscrits.

Prenez, par exemple, les mots *ministre, minimum, minutieux, mimique, imiter, unité,* etc.; leur simple examen vous fera tout de suite comprendre combien les points sur les *i* aident à lire ces mots, composés presque totalement de jambages.

Pour éviter cette confusion, les scribes du moyen âge avaient coutume de changer en *y* l'*i* placé entre les lettres *m* et *n*; ainsi, au lieu de *comingtoun* (mot anglais), ils écrivaient : *comyngtoun*[3].

Dans les anciens textes, et même dans les livres imprimés au dix-septième siècle, la lettre *v* ne se distingue pas de l'*u*, ce qui produit parfois de singulières rencontres : *seruus* pour *servus*. On finit

1 et 2. ALPHONSE KARR, *Les Guêpes*, avril 1841, t. II, p. 253. — Voir aussi d'autres volumes de l'auteur : *Promenades hors de mon jardin* (Paris, Michel Lévy, 1857), *Raoul* (Paris, Michel Lévy, 1859), etc.

3. Cf. F. GÉNIN, *Récréations philologiques*, t. II, p. 396.

par diviser l'*u* en *u* voyelle et en *u* consonne, et par
écrire ce dernier sous la forme actuelle *v*, qui
éclaircit de beaucoup le langage écrit. C'est le grand
savant Ramus (Pierre La Ramée, 1515-1572), l'adversaire d'Aristote, l'apologiste de Socrate et de
Platon, qui fut le promoteur de cette distinction de
l'*i* et du *j*, de l'*u* et du *v*. Mais il est des mots qui,
par suite de cette ancienne confusion, sont demeurés
douteux pour nous. Ainsi *cheureter*, qu'on trouve
dans Rabelais (livre III, Prologue), doit-il être lu
cheureter, avec le sens de chercher, *feureter*, fureter,
ou bien avec le sens de *chevreter*, faire la chèvre,
sauter d'impatience? La question n'est pas tranchée[1].
Et plus loin (livre III, chap. 15, t. I, p. 582) :
« soupes de *leurier* » : est-ce *lévrier* ou *laurier*?
Etc.

Les accents? Vous vous rappelez la scène du
Mariage de Figaro (III, 15). Figaro a signé un engagement à Marceline, où on lit :

« ... Laquelle somme je lui rendrai dans ce château, *ou* je l'épouserai... » Est-ce *où*, avec un accent,
adverbe de lieu : dans ce château? Est-ce *ou*, conjonction : ou bien je l'épouserai? Tout le débat,
comme on sait, porte sur l'accent de *ou*, et sur la
virgule qui précède ladite conjonction « alterna-
tive ».

Les traits d'union, eux aussi, si humbles et insi-
gnifiants qu'ils soient ou qu'ils paraissent, jouent, en

1. Cf. Rabelais, édit. Burgaud des Marets et Rathery, t. I,
p. 507, note 4.

certaines circonstances, un rôle capital. Voyez la différence entre R. P. Benoît, et R.-P. Benoît. Dans le premier cas, nous lisons sans hésiter : Révérend Père Benoît ; et, dans le second, comme en français, les prénoms ou leurs initiales doivent toujours être joints par des traits d'union, — des *divisions*, en langage typographique, — nous devinons que nous avons affaire à deux prénoms: René-Paul, Rodolphe-Pierre, etc. De même, M.-J. Chénier vous fait lire : Marie-Joseph Chénier, tandis que M. J. Chénier est l'abrégé de : Monsieur Joseph Chénier.

Les lettres majuscules ou capitales aident aussi à la clarté de la phrase.

Prenons ces deux vers de La Fontaine (*Fables*, VI, 3) :

> Notre ennemi, c'est notre maître :
> Je vous le dis en bon français.

Selon que vous écrirez « français » avec ou sans majuscule, vous changerez le sens de la phrase : « en bon français » veut dire : « en bon langage français »; « en bon Français » signifie « en bon citoyen de France ».

Victor Hugo avait coutume d'écrire les noms de peuples ou d'habitants avec une initiale minuscule, en *bas de casse* : les français, les anglais, les parisiens, etc. (Cf. *Les Misérables*, t. IV, p. 435 et *passim* ; t. V, p. 125, 146, 280, etc.; Paris, Hachette, 1881 ; etc.) On voit que cette façon de procéder, cette *marche*, n'est pas sans inconvénient, et prête parfois à confusion.

*　*

L'abus des .abréviations; des lettres majuscules
initiales notamment, — chaque majuscule tenant lieu
du mot entier, — qui s'est; depuis surtout quelques
années, propagé chez nous et ailleurs, rend très
souvent obscurs certains articles de journaux et
les fait ressembler à des grimoires.

Dans un de ces humoristiques articles; le chroniqueur Henry Maret (1838-1917) a vivement pro-
testé jadis contre cet abus des lettres initiales :

« Autrefois; nous n'avions que les cartes d'invitation sur lesquelles on lisait : R. S. V. P., ce qui
signifiait : « Réponse, s'il vous plaît », et ce qui
aurait pu tout aussi bien signifier : « Restez sous
votre parapluie ». Il paraît qu'on a trouvé ce genre
d'abréviation joli, car maintenant on l'applique à
tout ce qu'on a à dire:

« Partout vous trouvez des B. H. V., des C. G. T.,
des A. P. T., des R. P.; des Q. M., des T. D. O. X. U.
Encore un peu de temps et l'on n'écrira plus qu'en
majuscules. Les journaux deviennent des magasins
de devinettes; tout lecteur prend son front entre ses
mains; et se donne un mal du diable pour reconnaître ce dont il s'agit, et plus d'un n'y parvient
pas.

« Ces lettres isolées peuvent prêter aux interpré-
ations les plus diverses. Si, pour suivre le mouvement, je m'avisais d'écrire : L. L. F. F. S. C., ce
serait pour dire : « La langue française fut si claire ».

Je serais fâché qu'on traduisît : « La langue française fout son camp ». Et pourtant, dans ce cas, le traducteur n'aurait pas complètement trahi ma pensée[1]. »

Les abréviations, qui, dans des travaux tout à fait personnels et non destinés tels quels au public, ne laissent pas d'avoir leur commodité et leur utilité, ont maintes fois donné lieu à des erreurs et quiproquos.

On se rappelle la plaisanterie de Voltaire à l'adresse d'un de ses ennemis, Jean-François Boyer (1675-1755), qui, après avoir été nommé évêque de Mirepoix (aujourd'hui chef-lieu de canton du département de l'Ariège), devint précepteur du dauphin, puis premier aumônier de la dauphine, et membre de l'Académie française, membre de l'Académie des sciences, membre de l'Académie des inscriptions et belles-lettres, etc., etc. Ce très illustre personnage avait coutume de signer : « BOYER, l'anc. évêque de Mirepoix », et c'est uniquement grâce à cette insignifiante circonstance que son nom n'est pas aujourd'hui totalement oublié. De l'abréviation *anc.*, Voltaire s'était amusé à faire *âne* : BOYER, l'âne évêque de Mirepoix : « ... Il croyait mettre l'abréviation d'*ancien*, et il signait son nom tout au long[2] ».

L'abréviation SS. (Saints) a donné lieu, il y a

----

1. HENRY MARET, *Le Journal*, 26 décembre 1909.
2. VOLTAIRE, Lettre à d'Alembert, 9 juillet 1760; *Œuvres complètes*, t. VI, p. 680; Paris, édit. du journal *Le Siècle*, 1869.

moins d'un siècle, à une plaisante confusion. Sainte-Beuve conte qu'un érudit, M. de Sinner, ayant reçu les manuscrits de Leopardi (1798-1837), en publia des extraits dans le *Rheinisches Museum* (Bonn, 1834): « Une faute typographique qui s'y est glissée a causé une singulière méprise, qui s'est reproduite depuis dans l'édition de Florence (1845). M. de Sinner avait parlé d'un recueil, fait par Leopardi, des *fragments des SS. Pères*; or, ces *SS. Pères* sont devenus, par un tour de main de l'imprimeur allemand, *55 Pères*, et, dès lors, les plus modestes ont répété que Leopardi avait recueilli les fragments de *cinquante* Pères de l'Église. Il y en a un peu moins . »

De même la succincte abréviation 2-S, employée par un correspondant de *l'Intermédiaire des chercheurs et curieux* (20 juin 1907, col. 74), pour signifier 2 Sèvres (département des *Deux-Sèvres*), n'a jamais pu être comprise par aucun compositeur typographe. « Ce 2-S, *si clair*, s'est toujours transformé en 2-5 », écrit avec autant d'étonnement que de colère ce correspondant, qui ne s'avise pas de reconnaître que le plus simple et le plus sûr aurait été de ne pas abréger et d'écrire *2 Sèvres*.

Comme preuve des erreurs et bévues auxquelles peuvent donner lieu les abréviations exagérées, on cite encore la mésaventure arrivée à l'helléniste Gail (1755-1829), lorsqu'il composa l'index bibliogra-

____

1. Sainte-Beuve, *Portraits contemporains*, t. IV, p. 367, note.

phique de son édition d'Anacréon. Rencontrant dans un catalogue l'annonce d'un exemplaire des *Odes* de ce poète, suivie de la mention *e. bro.*, au lieu de traduire cette mention, ainsi qu'il le fallait, par *exemplaire broché*, il la prit pour un nom de ville, et indiqua l'édition de cet exemplaire comme imprimé à *Ébro*. Cette bourde et d'autres pareilles valurent au malheureux savant des lazzis et brocards de toutes sortes. Les critiques d'outre-Rhin lui décochèrent l'épithète latine de *socors*, que de mauvais plaisants traduisirent par *sot corps*, et le terrible Paul-Louis de déclarer, dans une lettre à son futur beau-père, que Gail lui « paraît trop sot pour être ridicule » [1].

Encore une anecdote, à propos des amphibologies causées par les abréviations exagérées : elle m'est fournie par Décembre-Alonnier, dans son volume *Typographes et Gens de Lettres* [2] :

« ... Voyez ces prospectus de dentistes qui font précéder leur qualité d'un grand M avec un petit *n* au-dessus (M^n) ; le public lit : « Médecin-Dentiste » ; et, si l'on demande l'exhibition du diplôme, il vous répondent fort tranquillement : « C'est Mécanicien-Dentiste qu'il faut lire ».

1. Cf. *Curiosités littéraires*, p. 286 ; Paris, Paulin, 1845, petit in-8, sans nom d'auteur ; et Paul-Louis Courier, Lettre à M. Clavier, datée de Rome, le 13 octobre 1810 ; *Œuvres*, p. 548 ; Paris, Didot, 1865, in-18.
2. Page 125 (Paris, Michel Lévy, 1864).

III

—

L'ÉCRITURE
MANIES DES ÉCRIVAINS EN TRAVAILLANT

En parlant de l'écriture, nous continuons à nous occuper de « la clarté », et tout d'abord nous constatons qu'une lettre mal écrite, difficile à déchiffrer, ne se lit jamais avec plaisir, si intéressante et attrayante qu'elle soit ; — en second lieu, que cette mauvaise écriture est une sorte d'impolitesse : il semble que celui qui griffonne de la sorte se soucie peu de son correspondant, et attache plus de prix à son temps qu'à celui des autres.

On peut discuter sur le plus ou moins de justesse des prédictions ou suppositions faites d'après l'écriture des gens et relatives à leur caractère ou à leurs goûts, — la graphologie ; et cela d'autant plus que certains calligraphes écrivent couramment d'une écriture impeccable, identique en quelque sorte à la lithographie ou à la gravure ; mais bien écrire est certainement et sans conteste un indice de bon goût et d'amour de l'ordre, d'amour de la netteté, de l'exactitude, de la précision.

N'oubliez pas non plus que c'est sur l'écriture —
et aussi, cela va sans dire, d'après leur orthographe
et leur style — qu'on juge d'abord les gens connus
de nous seulement par leurs lettres, — de même
qu'on juge sur sa mine, bonne ou mauvaise, tout
nouveau venu.

« Eh ! laissez dire les griffonneurs qui semblent
dédaigner cet art utile et charmant ! s'écriait un
jour Jules Janin [1]. Plus d'un grand poète et plus d'un
grand prosateur leur donnerait à l'instant même un
démenti sans réplique. Il n'y a rien de plus exact et
de plus net que l'écriture de Racine [2]; il n'y a rien
de plus aimable à voir que l'écriture de La Fontaine [3]; une lettre de Massillon ferait honneur au
plus habile écrivain ; Bossuet, de sa main ferme,
écrivait à grandes enjambées des pages immortelles
et très lisibles ; Fénelon, le grand archevêque, était
un maître écrivain ; Jean-Jacques Rousseau a vécu
de son métier de copiste [4]; on admire à bon droit

1. Dans le *Journal des Débats*. Cf. le journal *La France*,
4 septembre 1879.

2. Voir un joli spécimen de l'écriture de Racine dans la
Revue encyclopédique Larousse, 1899, p. 439. Dans une de ses
lettres, datée du 3 juin 1693, Racine recommande à son fils de
soigner son écriture . « Je vous dirai aussi que vous me feriez
plaisir de vous attacher à votre écriture... » (RACINE, *Œuvres
complètes*, t. II, p. 366 ; Paris, Hachette, 1864.)

3. Assertion discutable : cf. *Œuvres de La Fontaine*, édit. des
Grands Écrivains, Album, Fac-similés d'autographes.

4. « ... Jean-Jacques Rousseau fit lui-même deux copies de
La Nouvelle Héloïse, l'une destinée à Mᵐᵉ de Luxembourg,
l'autre à Mᵐᵉ d'Houdetot. Elles existent encore, et sont faites
avec tant de soin et de netteté, qu'elles peuvent passer pour

les belles pages de S. M. le roi Louis-Philippe : il
était le premier à honorer les belles écritures[1]. »

L'érudit La Monnoye (1641-1728) possédait une
« jolie écriture[2] ».

On cite encore, parmi les « calligraphes »,
Alexandre Dumas père, Prosper Mérimée, Edgar
Poe. Ce dernier dut même à sa « belle main » son
succès auprès de son premier éditeur. Celui-ci ayant
feuilleté le manuscrit que Poe venait de lui apporter,
fut séduit par cette « majestueuse » écriture, et se
mit à le lire sur-le-champ ; il ne tarda pas à être
saisi, empoigné, par l'intérêt du drame ; — et c'est
ainsi qu'Edgar Poe débuta[3].

Alexandre Dumas, dans ses *Mémoires*, nous conte,
avec sa verve habituelle, comment il dut à sa belle
écriture son premier gagne-pain. Il était allé, peu
après son arrivée à Paris, faire visite au général

des chefs-d'œuvre de patience. Chaque page est réglée au
crayon ; toutes les lignes sont composées comme un livre
imprimé, et les deux manuscrits sont sans rature. » (Note de
l'édition des *Œuvres complètes* de Jean-Jacques Rousseau,
publiée par Didot, t. I, p. 363 ; Paris, 1883.)

1. On est en droit de se demander, après ce panégyrique,
comment écrivait Jules Janin, et s'il mérite d'être classé parmi
les calligraphes, lui qui parle avec tant d'amour et de ferveur
de la calligraphie. Eh bien ! non, loin de là ; son écriture
manque tout à fait d'élégance ; les caractères, très fins d'ordinaire, ont tendance à s'arrondir et se confondre et sont
parfois peu lisibles. (Cf. notamment le journal *L'Autographe*,
n° 1, 5 décembre 1863, p. 6 ; — et l'autographe joint au portrait de Jules Janin par Eugène de Mirecourt dans la collection *Les Contemporains* (Paris, Gustave Havard, 1858).

2. Gustave Brunet, *Fantaisies bibliographiques*, p. 268.

3. Cf. André Savignon, *Les mauvaises écritures*, dans le *Journal de la Jeunesse*, 4 juillet 1914, p. 74.

Foy, à qui il était chaudement recommandé, et celui-ci l'ayant interrogé sur ses moyens d'existence, qui étaient nuls, lui demanda de s'asseoir et d'écrire son nom et son adresse.

« A peine eus-je écrit mon nom, raconte Dumas, que le général frappe dans ses deux mains :

« Nous sommes sauvés ! s'exclama-t-il. Vous avez une belle écriture ! »

Et, en effet, quelques jours plus tard, notre calligraphe était nommé surnuméraire dans les bureaux du secrétariat du duc d'Orléans, avec douze cents francs d'appointements [1]. A cette époque, c'était la vie assurée.

Parmi les écrivains qui ont *materiellement* bien écrit, on peut encore citer : Mirabeau (curieuse écriture, très forte, presque droite) ; — François Arago, l'illustre astronome (très belle écriture ; particularité remarquable : le paraphe de la signature représente le nom *Arago* renversé et perpendiculairement tracé, avec des lettres qui vont en diminuant depuis l'*A* jusqu'à l'*o*), et son frère Étienne Arago ; — Béranger ; — Charles Nodier ; — Lamennais ; — Guizot ; — Eugène Scribe ; — Casimir Delavigne ; — George Sand ; — Gérard de Nerval (belle écriture droite caractéristique) ; — Louis Blanc (bonne grosse écriture très lisible) ; — le savant

1. ALEXANDRE DUMAS, *Mémoires*, t. II, p. 25 et suiv., et t. III, p. 124 et suiv.

archéologue et historién Jules Quicherat; — l'académicien Camille Doucet; — Paul Siraudin, l'auteur
dramatique; — Méry, le poète et conteur marseil-
lais si réputé pour son esprit; — Charles Monselet;
— Alphonse Daudet (très jolie écriture) ; — etc[1].

Ajoutons à ces noms ceux d'Ernest Renan[2], des
poètes Leconte de Lisle (véritable écriture de calligraphe), José de Hérédia, Léon Dierx[3], Frédéric
Mistral[4] et François Coppée, qui avait une très
artistique calligraphie, tout à fait caractéristique, —
et du romancier Guy de Maupassant : d'ordinaire
belle écriture penchée, assez forte et bien lisible.

L'académicien Xavier Marmier (1809-1892), lorsqu'il collaborait à *l'Union*, n'envoyait jamais à ce
journal que des manuscrits d'une lisibilité parfaite,
en excellent état, et comme certains de ses collabo-
rateurs s'étonnaient de ce soin : « Un auteur doit
toujours penser, leur répondit-il, que sa *copie* peut
être donnée à des typographes à la tâche, et qu'un
mauvais manuscrit peut causer une perte de temps,

1. Cf. le journal *L'Autographe*, année 1864, table des
matières. On peut aussi se référer, pour un certain nombre des
écrivains cités ci-dessus, aux autographes joints aux portraits
biographiques publiés, vers 1855 et 1860, par Hippolyte Castille et Eugène de Mirecourt.

2. Cf. *Revue encyclopédique Larousse*, 1892, p. 1583.

3. Cf. *Revue universelle Larousse*, 1902, p. 121 et 122 : et
1905, p. 592.

4. « La belle petite écriture régulière et calme du poète Frédéric Mistral. » ALPHONSE DAUDET, *Trente ans de Paris*, Mon
tambourinaire, p. 114 (Paris, Marpon, 1888). A propos d'Alphonse Daudet, paralysé à la fin de sa vie, on peut se demander
si ses dernières lettres, ses derniers écrits, sont bien de sa
main même.

par conséquent une perte d'argent à l'ouvrier [1]. »

Byron avait, au contraire, une très mauvaise écriture, au point de s'étonner que son imprimeur réussît à déchiffrer sa copie. « L'imprimeur a fait un miracle : il a lu ce que je ne puis lire moi-même, — mon écriture [2]. »

Napoléon Ier écrivait aussi très peu lisiblement, et il en donnait un jour une étrange explication : « Le sang méridional coule dans mes veines avec la rapidité du Rhône ; pardonnez donc si vous éprouvez de la peine à lire mon griffonnage [3] ».

Le poète Émile Deschamps (1791-1871) avait une écriture tellement indéchiffrable, qu'il ne parvenait pas, lui non plus, à se lire lui-même. Un de ses amis ayant reçu de lui un billet illisible et le lui ayant renvoyé avec un point d'interrogation suivi de plusieurs points d'exclamation, Deschamps craignit, s'il recommençait sa lettre, de l'écrire aussi mal, et il préféra prendre sa canne et son chapeau et aller dire verbalement à son ami ce qu'il avait tenté de lui dire plume en main [4].

1. Cf. le journal *Le Soleil*, 15 octobre 1892.
2. Dans G.-A. Crapelet, *Études pratiques et littéraires sur la typographie*, p. 304.
3. Lettre au commissaire des guerres Naudin, juillet 1791 (Napoléon, *Œuvres littéraires*, t. II, p. 157; édit. Tancrède Martel).
4. Cf. Eugène Mouton, *L'Art d'écrire un livre*, p. 170-171. « Un huguenot... qui se nomme des Moulins le Coq,... escrit si mal qu'on ne peut lire son escriture. Quand il a fait une lettre, il la plie brusquement sans y mettre de poudre dessus, et il s'y fait des pastés. Une fois qu'il voulut en relire une luy-mesme, et qu'il n'en put venir à bout : « Que je suis fou!

La comtesse de Gasparin (1813-?), l'auteur des *Horizons prochains* et de maints autres volumes, et le romancier Alfred de Bréhat (1826-1866) ont été aussi tous deux cités pour leur mauvaise écriture. Le critique Jules Levallois raconte, dans ses *Mémoires*[1], qu'à l'époque où il habitait Saint-Cloud, il recevait des lettres de Bréhat datées de Paris, tellement illisibles, qu'il avait pris l'habitude de les lui porter, chaque fois qu'il se rendait à Paris, et de le prier de les lui lire, « ce à quoi Bréhat ne parvenait pas toujours ».

« Écrivez-vous bien ? demandait Jules Vallès, au sortir d'une distribution de prix du concours général, à un collégien tout joyeux et fier de ses succès et notamment de son premier prix en discours latin. Oui, écrivez-vous bien ?

— Comment ? répondit le lauréat. Mais en narration, je....

— Il n'est pas question de narration, interrompit Vallès de sa grosse voix bourrue. Avez-vous une belle main ?

— Une belle main ? Je griffonne comme un chat.

— Alors, malgré tout votre latin et votre grec, vous crèverez de faim toute votre vie, mon garçon, » déclara péremptoirement Vallès[2].

dit-il. Ce n'est plus à moi désormais à la lire, c'est à celuy à qui je l'envoie. » (TALLEMANT DES RÉAUX, *Les Historiettes*, t. IV, p. 42 ; Paris, Techener, 1862.)

1. *Mémoires d'un critique*, p. 276 (Paris, Librairie illustrée, s. d.).

2. Cf. le journal *Le Radical*, 17 février 1885.

Mais, bien avant Vallès et Dumas, la remarque avait été faite, l'utilité pratique et essentielle de la calligraphie signalée.

« Bien écrire : recommandez-lui ce point, conseille instamment Voltaire à l'abbé Moussinot, à propos d'un de ses jeunes protégés, dans une lettre datée de décembre 1738 ; c'est le premier échelon, je ne dis pas de la fortune, mais d'un état où l'on puisse ne pas mourir de faim [1]. »

Aussi les jansénistes de Port-Royal, ces maîtres éducateurs, à qui est due, assure-t-on, l'invention des plumes métalliques, attachaient-ils à l'écriture une extrême importance [2].

Nous avons vu tout à l'heure Racine recommander à son fils de « soigner son écriture ». Tout le dix-septième siècle et aussi le dix-huitième étaient dans ce même sentiment et tenaient l'écriture en haute estime. « L'usage était alors (du temps de Molière) et persista jusqu'à la fin du dix-huitième siècle, de compléter l'éducation des jeunes gens en leur faisant passer quelque temps chez un maître écrivain, qui leur apprenait *la perfection de l'écriture....* », lit-on dans l'excellente étude de Gustave Larroumet sur *la Comédie de Molière* [3]. Et, en 1751, lord Chesterfield adressait à son fils les plus instantes recommandations « de bien

1. VOLTAIRE, *Œuvres complètes*, Correspondance, t. VII, p. 531 (édit. du journal *Le Siècle*).

2. Cf. LÉON SÉCHÉ, *Les Derniers Jansénistes*, t. II, p. 227, note 2 (Paris, Perrin, 1891).

3. Page 26 (Paris, Hachette, 1887).

écrire ». Et ce n'est pas une excuse « de dire que vous êtes pressé » [1].

Aujourd'hui, grâce à l'emploi de plus en plus répandu des machines à écrire, ces recommandations ainsi que la prédiction de Jules Vallès ne seraient plus aussi formelles et infaillibles.

La machine à écrire a un autre avantage, c'est de permettre d'éviter cette douloureuse contraction des muscles de la main et des doigts connue sous le nom de *crampe des écrivains*. Cette maladie ou infirmité, dont nous voyons, entre autres, le critique Grimm, l'ami de Diderot, être atteint [2], s'observe chez les gens qui écrivent beaucoup et qui écrivent, à main levée, c'est-à-dire sans appuyer l'avant-bras horizontalement sur la table, et qui font usage d'un porte-plume trop mince et de plumes trop dures. Mais la crampe des écrivains n'est pas due seulement à une fatigue *physique*, elle est due aussi à une cause *psychique*. « La hâte de fixer sa pensée par des caractères graphiques amène l'écrivain à précipiter le mouvement et à modifier les conditions régulières des contractions musculaires nécessaires au port de la plume et à la confection des caractères [3]. »

Les premiers symptômes de cette crampe se manifestent par une certaine raideur dans les doigts lorsqu'ils veulent manier la plume, et une certaine

---

1. *Lettres*, trad. Amédée Renée; t. II, p. 129.
2. Cf. Edmond Scherer, *Melchior Grimm*, p. 257 (Paris, C. Lévy. 1887).
3. Le *Journal de la Jeunesse*, 9 avril 1910, supplément.

difficulté à tracer des caractères réguliers, non tremblés et saccadés. Dès que ces symptômes apparaissent, il convient tout d'abord de se servir d'un porte-plume léger, en liège, par exemple, et d'assez fort diamètre à la base, deux centimètres environ, de façon que les doigts soient maintenus écartés, et de se servir de plumes douces et à bec large [1]. Il est toujours bon, d'ailleurs, et en temps normal, de n'employer que des porte-plume de ce genre à la fois légers et gros.

Les conseils à donner aux personnes atteintes de la crampe des écrivains ont été résumés, par le docteur Henri Meige, dans la formule mnémonique que voici :

« *Peu, lent, rond, gros, droit.* Ces cinq mots devront être, pour le malade atteint de la crampe, le mémento journalier de ses devoirs.

« Il devra toujours écrire *peu.* Au début du traitement, le repos doit être absolu, mais, quand on reprend la plume, il faut n'écrire que quelques minutes, faire des pauses plus ou moins prolongées, suivant le degré de susceptibilité des muscles.

« Il faut écrire *lentement,* la rapidité de l'écriture est une des causes fréquentes de provocation de la crampe, qui s'observe rarement chez ceux qui écrivent avec une sage lenteur.

« Il faut avoir une écriture *ronde*; cela ne veut pas dire écrire en ronde, mais former les caractères

---

1. Cf. D<r> Paul Labarthe, *Dictionnaire populaire de Médecine usuelle,* art. Crampe des écrivains.

bien arrondis, sans angles, sans pointes. La simili-
tude des caractères, dans ces écritures qui se res-
semblent toutes, leur allongement, leur forme penchée impliquent la nécessité d'une contraction musculaire toujours uniforme. Ces écritures n'ont plus
de caractère personnel et sont une des causes de
crampe pour ceux ou celles qui écrivent beaucoup
et longtemps.

« Il faut écrire *gros* : les mêmes raisons qui impo-
sent l'écriture ronde la demandent grosse. Plus les
caractères sont de grande dimension, plus les muscles se reposent.

« Enfin l'écriture doit être *droite*. Elle exige, en
effet, que la main s'incline en dedans, tandis que,
dans l'écriture penchée, elle se dévie en dehors, et
la première attitude est infiniment moins fatigante
que l'autre[1]. »

.·.

Quelle est la plus pratique et la meilleure des
écritures?

Sans nous occuper des divers genres d'écritures :
anglaise ordinaire, *anglaise* dite du *Sacré-Cœur*
(qui a pour caractéristique ses jambages à angle
aigu), *ronde*, *bâtarde*, *coulée*, *cursive*, etc., nous
envisagerons l'écriture sous deux aspects seulement : écriture *droite*, écriture *penchée*, et nous

____
1. Le *Journal de la Jeunesse*, date et lieu cités.

constaterons tout d'abord que l'écriture droite ou presque droite est celle qui est officiellement recommandée et uniformément employée dans les bibliothèques universitaires[1].

Cette question de la supériorité de l'une sur l'autre de ces deux écritures, droite ou penchée, et des avantages ou inconvénients qu'elles présentent, tant au point de vue de l'hygiène et de la commodité de l'écrivain que de la lisibilité, de la rapidité et de l'usage pratique, a été très longuement discutée il y a quelques années. Nous venons de voir que l'écriture droite — ce qui, déjà, milite très fortement en sa faveur — est recommandée pour éviter la crampe des écrivains.

« L'écriture droite, lit-on dans un article du *Journal* signé docteur Vidi[2], a été patronnée et lancée pour la première fois, en 1872, par George Sand, dans ses *Impressions et Souvenirs* : **Écriture droite, sur papier droit, corps droit,** selon sa formule.»

Le Congrès international d'hygiène scolaire, qui s'est tenu à Paris du 2 au 7 août 1910, « s'appuyant

1. « L'écriture ronde (qui est, comme on sait, une écriture droite), ou tout ou moins un peu relevée, est recommandée dans l'inscription des cartes bibliographiques (ou fiches); elle est plus nette, plus lisible et tient moins de place. » *(Instruction générale relative au service des bibliothèques universitaires*, dans ALBERT MAIRE, *Manuel pratique du bibliothécaire*, p. 437.)

2. N° du 25 janvier 1906. — Voir aussi et surtout l'ouvrage du docteur Javal, *Physiologie de la lecture et de l'écriture* (p. 242 et suiv. et *passim*), qui est d'un intérêt capital dans le sujet qui nous occupe, et préconise hautement et sans réserve l'écriture droite.

sur la haute autorité des professeurs Landouzy, Broca et Javal », a énergiquement recommandé l'écriture *droite*, « qui est l'écriture hygiénique par excellence, car elle évite les dangers de la *scoliose* et de la *myopie*[1].

Nous devons dire cependant, pour être complet et impartial, que l'écriture penchée conserve encore des partisans. Dans une communication faite à la Société française d'Ophtalmologie, deux hygiénistes, MM. Péchin et Ducroquet, ont prétendu, à tort selon nous, que l'écriture penchée donne au corps une attitude moins défectueuse que l'écriture droite[2].

Examinons aussi la question en nous plaçant à un autre point de vue que les hygiénistes.

« L'écriture droite est-elle moins lisible que l'écriture penchée? Assurément non; le contraire serait plus vrai.

« Est-elle moins belle que l'écriture anglaise? Cela est très contestable, car une écriture bien formée, droite ou penchée, aura toujours un certain cachet d'élégance, dû à l'habileté de main de celui qui tient la plume.

« Est-elle moins rapide que sa concurrente? Non encore, et l'on peut affirmer que ceux qui pratiquent habituellement l'écriture droite arrivent à écrire avec autant et même avec plus de rapidité que les autres.

1. Cf. *L'Indépendance de l'Est*, 31 octobre 1910.
2. Cf. *La Nature*, dans le *Journal de la Jeunesse*, 28 février 1914, supplément.

« Nous ajouterons que l'écriture droite est l'écriture naturelle.

« Examinez, en effet, de tout jeunes enfants auxquels vous donnez pour la première fois un crayon ou une plume. Vous verrez qu'aucun d'eux ne songe à pencher son cahier ou son ardoise d'un côté ou de l'autre, et que tous se mettent, sans hésitation, à écrire droit.

« Nous ne voyons donc pas les raisons, autres que l'habitude prise, qui militent en faveur du maintien de l'écriture penchée...

« L'écriture que nous recommandons ne serait, en somme, ni la ronde, ni la coulée, ni la bâtarde, mais, comme le dit si bien le docteur Javal : « L'é-« criture de l'avenir, l'écriture nationale, devrait être « une écriture encore non dénommée, une ronde « dans laquelle les *n* différeraient des *u*, comme dans « la bâtarde, et où les *l*, les *b*, etc., seraient bou-« clés. »

« D'ailleurs, il y a beau temps que les Anglais ont jeté par-dessus bord l'écriture *anglaise*. Les Américains en ont fait autant. Pour eux, comme pour les bibliographes, le double avantage de l'écriture droite, c'est d'être plus lisible et d'occuper moins de place que l'écriture penchée.

« Si vous avez des notes à inscrire dans les étroites marges d'un volume, c'est forcément de l'écriture droite que vous vous servirez : l'écriture penchée exigerait trop d'espace. »

Toutes ces considérations, d'un caractère essentiellement pratique, démontrent bien que l'écriture droite est de beaucoup préférable pour vous, étudiants, chercheurs et travailleurs, à l'écriture penchée.

Une remarque encore, à propos de la pente de l'écriture : on a constaté que beaucoup de personnes ont tendance, en vieillissant, à redresser leur écriture, à écrire droit.

* *

Un manuscrit bien écrit, je veux dire d'une écriture élégante et parfaitement lisible, non surchargé de ratures et de renvois, a non seulement un aspect séduisant qui attire le lecteur, — le lecteur qui peut être l'éditeur, comme nous l'avons vu à propos d'Edgar Poe, — mais il offre cet avantage de mettre mieux en évidence les qualités de l'œuvre.

L'impression permettra de mieux juger encore de ces qualités, bonnes ou mauvaises ; elles apparaîtront sur les épreuves mieux que sur le manuscrit, et sur les « bonnes feuilles » mieux encore que sur les épreuves ; tant l'extérieur, la forme physique, a d'influence sur le fond. C'est ce qui explique la façon de travailler de Balzac, dont nous parlerons tout à l'heure.

Plus un manuscrit est bien écrit et en bon état, plus les idées qu'il renferme surgissent et se déroulent avec netteté, en belle lumière.

Aussi en a-t-on conclu que le meilleur moyen,

pour un écrivain, de corriger son œuvre, c'est de la recopier.

Autant de fois que l'on transcrit,
Autant corrige-t-on son écrit [1].

« Se recopier est, pour un auteur, un excellent moyen de se corriger [2]. »

Et nous voyons Fénelon « laisser onze copies de son *Télémaque* [3] ».

« Pascal récrivait jusqu'à quinze fois telle de ses *Provinciales*, et Racine ne mettait pas moins de deux ans à composer et à écrire *Phèdre* [4]. »

Buffon recopie ses *Époques* jusqu'à dix-huit fois [5].

De même, le poète Le Brun, à qui Buffon avait inculqué cette habitude, remaniait et recopiait sans cesse ses odes [6].

Jean-Jacques Rousseau pareillement : « Mes manuscrits, raturés, barbouillés, mêlés, indéchiffrables, attestent la peine qu'ils m'ont coûtée. Il

1. Le Roux de Lincy, *Le Livre des proverbes français*, t. II, p. 128.
2. Andrieux, dans Staaff, *La Littérature française*, t. II, 3e cours, p. 152.
3. « Aspirez-vous au mérite d'un style pur et élégant, multipliez donc les copies de vos discours ; et, à l'exemple de Fénelon, qui, né avec une si prodigieuse facilité, a laissé néanmoins onze manuscrits différents et complets de son *Télémaque,* écrits en entier, ou du moins raturés et corrigés de sa main, ne cessez de transcrire aussi votre ouvrage... » (J.-S. Maury, *Essai sur l'éloquence de la chaire*, chap. 38, p. 178 ; Paris, Didot, 1877.)
4. F. Brunetière, *Histoire et Littérature*, t. II, p. 142.
5. Sainte-Beuve, *Portraits littéraires*, t. I, p. 153.
6. Id., *ibid*.

n'y en a pas un qu'il ne m'ait fallu transcrire quatre ou cinq fois avant de le donner à la presse[1]. »

Bernardin de Saint-Pierre : « Dans mon enfance, raconte Loève-Veimars, on m'a montré, comme un glorieux témoignage du génie de Bernardin de Saint-Pierre, la première page de *Paul et Virginie*, écrite quatorze fois de sa main[2] ».

« Paul-Louis Courier faisait jusqu'à dix-sept brouillons d'un billet de quinze lignes[3]. »

« Charles Nodier assure qu'il a besoin de remettre au net même de simples articles de journal[4]. »

« Mérimée a recopié dix-sept fois le manuscrit de *Colomba*[5]. »

Flaubert recopia « peut-être dix fois » *Madame Bovary*[6].

Alexandre Dumas fils a été, lui aussi, un fervent « recopieur »; et l'on citait, à Paris, il y a quelque vingt ans, un directeur de revue qui n'acceptait jamais de manuscrit non recopié de la main propre de l'auteur. C'était, selon lui, une garantie de bon et consciencieux travail.

Ajoutons que Voltaire, qui a tant écrit, se corrigeait sans cesse : « Je ne puis m'empêcher de corri-

1. J.-J. Rousseau, *Les Confessions*, I, 3; *Œuvres complètes*, t. V, p. 392; Paris, Hachette, 1864.
2. Sainte-Beuve, *Premiers Lundis*, t. II, p. 201.
3. Victor Hugo, *Littérature et Philosophie mêlées*, Ymbert Galloix, p. 392; Paris, Hachette, 1859.
4. Sainte-Beuve, *Premiers Lundis*, t. II, p. 202.
5. Eugène Mouton, *L'Art d'écrire un livre*, p. 168. — « Seize fois de suite », dit Maxime du Camp, dans ses *Souvenirs littéraires*, t. II, p. 326.
6. Émile Faguet, *Revue bleue*, 3 juin 1899, p. 697.

ger des ouvrages qui me paraissent défectueux.
C'est un malheur pour moi de connaître trop mes
défauts, et il n'y aura jamais de moi d'édition bien
arrêtée qu'après ma mort[1]. » « ... Vous savez que
je ne suis jamais content de moi, que je corrige
toujours ; et il y a telle feuille que j'ai fait recom-
mencer quatre fois[2]. »

Le célèbre cardinal, historien et poète italien
Pierre Bembo (1470-1547) avait une très curieuse
façon de procéder. « Il avait, dit-on, quarante porte-
feuilles, dans chacun desquels passait successivement chaque page qui sortait de sa plume, pour
subir de degré en degré toutes les corrections de
son goût scrupuleux[3]. »

* * *

Entre autres particularités curieuses relatives aux
procédés graphiques de certains écrivains, nous
mentionnerons l'étrange habitude de Balzac, qui,
au dire du moins de son éditeur et biographe
Edmond Werdet[4], ne se servait jamais, pour écrire,
que de plumes de corbeau.

On connaît, d'ailleurs, la dispendieuse façon de tra-

1. Lettre à M. G.-C. Walther, 5 novembre 1755. (*Œuvres
complètes*, t. VII, p. 888.)
2. Lettre à M. Thieriot, 12 avril 1756 (t. VII, p. 902).
3. J. Demogeot, *Histoire de la Littérature française*,
chap. xxii, p. 270.
4. *Souvenirs littéraires d'un libraire-éditeur : Portrait
intime d'Honoré de Balzac*, p. 96 (Paris, Dentu, 1859) : « ... Et
sa plume rapide (il ne se servait jamais que de plumes de
corbeau) volait sur le papier... »

vailler de l'auteur de la *Comédie humaine*. Convaincu, avec Champfleury[1], que « si l'écriture peut être comparée à l'enfant dans le sein de sa mère, l'imprimerie remplit l'office d'accoucheur... et que les écrivains ne se jugent nettement qu'à l'impression, » Balzac n'envoyait d'ordinaire à l'imprimeur que des manuscrits très courts ; chacun d'eux n'était en quelque sorte que le squelette ou l'ébauche de l'œuvre. Les premières épreuves reçues, Balzac développait son récit ; puis demandait des deuxièmes épreuves, qu'il développait de même ; puis des troisièmes, etc. Il développa et refit ainsi *quinze fois* de suite, — *dix-sept fois*, selon d'autres, — son roman de *César Birotteau*. « Personne n'a plus corrigé que Balzac, non pas même Flaubert, » remarque Émile Faguet[2]. Et non pas même Léon Cladel, qui peinait et geignait tant, lui aussi, sur sa « copie », et ses épreuves.

Un autre roman de Balzac, *Pierrette*, fut remis *quatorze fois* sur le chantier, et les corrections du livre dépassèrent de trois ou quatre cents francs le montant de la vente[3]. On comprend qu'avec ce système un écrivain ne s'enrichisse pas.

Voici quel était, suivant la description qu'en donne Théophile Gautier, l'aspect des épreuves de Bal-

1. *Balzac et sa méthode de travail*, dans le journal *Le Soleil*, 28 décembre 1878 (très bonne étude).

2. *Revue bleue*, 12 août 1899, p. 202. Voir aussi DÉCEMBRE-ALONNIER, *Typographes et Gens de lettres*, p. 146-147.

3. Cf. EUGÈNE DE MIRECOURT, Les Contemporains, *Balzac*, p. 49-50 ; Paris, Gustave Havard, 1858.

zac : « Des lignes, partant du commencement, du milieu ou de la fin des phrases, se dirigeaient vers les marges, à droite, à gauche, en haut, en bas, conduisant à des développements, à des intercalations, à des incises, à des épithètes, à des adverbes. Au bout de quelques heures de travail, on eût dit le bouquet d'un feu d'artifice dessiné par un enfant. Du texte primitif partaient dès fusées de style qui éclataient de toutes parts. Puis c'étaient des croix simples, des croix recroisetées comme celles du blason, des étoiles, des soleils, des chiffres arabes ou romains, des lettres grecques ou françaises, tous les signes imaginables de renvoi qui venaient se mêler aux rayures. Des bandes de papier, collées avec des pains à cacheter, piquées avec des épingles s'ajoutaient aux marges insuffisantes, zébrées de lignes en caractères fins pour ménager la place, et pleines elles-mêmes de ratures, car la correction à peine faite était déjà corrigée[1]. »

Rien d'étonnant après cela que des ouvriers typographes aient stipulé avec leurs patrons, comme on le raconte, qu'ils ne feraient que *tant d'heures de Balzac* par jour.

Beaucoup d'auteurs se plaisent, comme Balzac, « à travailler sur épreuves », et trouvent ce procédé, si coûteux qu'il soit, plus commode et plus sûr. Il en est même qui estiment, et non sans raison, « les bonnes feuilles », c'est-à-dire les feuilles tirées sur

---

1. Cité dans les *Lectures pour tous*, novembre 1901, p. 122.

un papier meilleur que celui des épreuves, les feuilles définitives, plus capables encore de faire ressortir les défauts et qualités de l'œuvre.

Michelet avouait « qu'il travaillait beaucoup sur les épreuves, parce que l'écriture trompe... *L'épreuve*, disait-il, *est votre pensée éclairée*[1]. »

Thiers lisait (corrigeait) « jusqu'à huit épreuves » de ses ouvrages. « Je me contente ordinairement, ajoute Proudhon, après avoir rapporté ce détail, d'une seule épreuve ; je vais rarement à deux, et presque jamais à trois. » Ce qui ne l'empêche pas de déclarer, lui aussi, que « les épreuves portent conseil[2] ».

Il est des auteurs qui, comme Proudhon et plus que lui encore, n'ont besoin que d'une épreuve ; en d'autres termes, qui donnent sur cette unique épreuve leur « bon à tirer ». Ce sont le plus souvent — et je m'empresse d'excepter ici le vigoureux et éloquent polémiste des *Contradictions économiques* et de *la Justice dans la Révolution et dans l'Église*, — ce sont d'ordinaire des écrivains peu soucieux de leur style. De ce nombre était le jovial conteur Paul de Kock. « Il compose avec une facilité prodigieuse, nous dit son biographe Eugène de Mirecourt[3]. Jamais il ne relit ses phrases. Il écrit avec une

---

1. Goncourt, *Journal*, année 1864, t. II, p. 183.
2. Proudhon, *Correspondance*, 1860, t. X, p. 222, et 1863, t. XIII, p. 167.
3. Portraits et silhouettes au dix-neuvième siècle, *Paul de Kock*, p. 55-56 ; Paris, Achille Faure, 1867.

vitesse de douze pages à l'heure, et ses manuscrits n'ont point de ratures. Sur ses épreuves, ni corrections, ni changements... Vingt-quatre heures pour une pièce; quinze jours pour un livre ; jamais plus, quelquefois moins : voilà sa règle. »

Lamartine, lui, *n'écrivait qu'au crayon*, sauf pour sa correspondance, où il avait recours à la plume. « Lorsqu'il confiait au papier ses inspirations, prose ou vers, c'était à l'aide du crayon. Il y trouvait cet avantage, que le crayon glisse sur le papier rapidement et sans bruit, sans l'exposer aux interruptions, aux lenteurs, aux impatiences, aux refroidissements qui naissent de l'obligation de s'interrompre pour prendre de l'encre, d'en prendre avec mesure; ni trop ni trop peu, de la crainte d'effacer l'écriture, de l'ennui de la sécher; etc., etc. Il diminuait autant que possible l'intervalle qui sépare la pensée de l'expression. Plusieurs douzaines de crayons étaient toujours taillés sur son bureau[1]. »

A propos de l'écriture au crayon, on a remarqué que Mme Swetchine, la mystique moscovite (1782-1857); « a écrit ce que nous avons d'elle sur de petits bouts de papier; non pas avec une plume; mais avec un crayon, parce que, *écrire au crayon, c'est parler bas*, a-t-elle dit avec une fine modestie...[2] »

Le prestigieux conteur Jules Verne (1828-1905)

---

1. SPIRE BLONDEL, *Les outils de l'écrivain*, p. 67 ; Paris; Laurens, 1890.

2. BARBEY D'AUREVILLY, *Bas-Bleus*, p. 170.

avait une façon de procéder des plus singulières, et,
je crois bien, sans précédent ni similaire. Il écrivait
tous ses romans *au crayon d'abord*, puis, en relisant, il *repassait à l'encre* tout ce qu'il avait écrit
au crayon, tout son texte, en le modifiant et le corrigeant à son gré [1].

Eugène Sue (1804-1857), qui avait une écriture
très serrée et presque microscopique, « écrivait
dans un fauteuil très profond, très vaste ; aux deux
bras du fauteuil, deux crochets soutenaient une
planche, munie à gauche, en bas, d'une petite étagère, sur laquelle il appuyait ses feuillets (*sic*) ; sur
cette planche, à droite, il écrivit tous ses ouvrages,
depuis *Plick et Plock* jusqu'au *Fils de Famille*.
Entre temps, il illustrait sa planchette de dessins à
la plume, abondants et variés, qui amusaient différemment, et ailleurs que sur la page blanche, sa
verve et son imagination [2]. »

Paul Lacroix (le bibliophile Jacob, 1807-1884) avait
aussi une écriture des plus serrées et des plus fines,
et l'on raconte, à ce sujet, l'anecdote suivante : « Un
des premiers romans de Paul Lacroix, *la Danse
macabre*, fut écrit sur le recto d'un cahier de papier
à lettres ; les lignes étaient tellement serrées, les
caractères si fins, que, pour la composition, on
avait distribué aux compositeurs des lanières de
ce papier d'une hauteur de dix centimètres environ. »

---

1. Renseignement fourni par la librairie Hetzel (M. Alliou),
éditeur des œuvres de Jules Verne.
2. *Revue encyclopédique Larousse*, 1905, p. 60.

Ces étroites bandes de papier avec ces caractères quasi imperceptibles rendaient le travail de la composition très difficile et très pénible. « Ajoutez à cela que la copie avait été distribuée au plus fort du choléra de 1832, et que plusieurs compositeurs, huit ou dix, atteints par la contagion, succombèrent, et qu'on rendit l'écrivain responsable de leur mort[1]. »

L'historien Henry Houssaye (1848-1911) avait, au contraire, une écriture très grosse, formée de lettres d'une hauteur exceptionnelle, légèrement penchées et presque toutes séparées les unes des autres, — écriture très caractéristique.

On en peut dire autant de celle de la romancière qui signe Gyp (Mᵐᵉ la comtesse de Martel), dont l'écriture gigantesque et tout le contraire de celle du bibliophile Jacob doit exiger, pour chaque ouvrage, non des cahiers ou des mains, mais des rames de papier.

* *

Il est des auteurs qui, au lieu d'écrire, préfèrent dicter. Ce sont principalement les hommes politiques, habitués à discourir, qui usent de ce procédé.

Ainsi Sainte-Beuve nous apprend que Sully dictait l'histoire de son temps « à quatre secrétaires à la fois[2] ».

Et Sainte-Beuve lui-même avait coutume, nous

---

1. *L'Intermédiaire des chercheurs et curieux,* dans *l'Indépendance de l'Est,* 17 octobre 1900.

2. Sainte-Beuve, *Causeries du lundi,* t. VI, p. 406.

conté son secrétaire Jules Levallois[1], de dicter, d'après un brouillon ou de simples notes, les chapitres de son *Port-Royal* ou les savants et charmants articles de ses *Causeries du lundi*.

Jules Levallois, qui était un délicieux causeur, faisait de même : il dictait ses articles à sa femme, et, tout en dictant, tournait et retournait un menu objet entre ses doigts : ce fut d'abord un couteau, plus tard un petit caillou[2].

Un autre critique, qui, comme Levallois, eut son heure de gloire, Gustave Planche, dictait aussi ses articles[3].

Ernest Daudet, l'historien, pareillement ; voici l'emploi de son temps et sa façon de travailler : « De neuf heures et demie à midi, classement de mes notes et préparation du travail ; de deux heures et demie à cinq heures, je dicte, ce qui me permet d'augmenter la production. Il y a longtemps que j'ai adopté ce système. Je vais plus vite, et, en parlant, j'entends chanter mes phrases. N'oublions pas que je suis du Midi[4] », a-t-il soin d'ajouter.

1. *Sainte-Beuve*, p. 177 et 191 ; Paris, Didier, 1872.
2. « Dans son roman *les Amours de Jacques*, où Hector Malot a mis en scène son ami Jules Levallois, il vous le montre faisant incessamment sauter et tourner de sa main frêle et vive un vieil eustache... » (Eugène Noël, *Journal de Rouen*, 26 novembre 1883, feuilleton... « Il faisait sauter en l'air un petit caillou rond... » (Hector Malot, *ouvrage cité*, p. 22.)
3. Cf. Jules Lèvallois, *Mémoires d'un critique*, p. 129.
4. *Le Cri de Paris*, 13 février 1916, p. 10. A propos de l'historien Ernest Daudet, signalons la façon de travailler de son frère Alphonse, l'illustre romancier, bien que cette méthode n'ait rien de particulièrement original. « On connaît mon pro-

Et les manies des auteurs en écrivant, non seulement pour exciter leur verve, mais même tout simplement pour qu'elle ne leur fasse pas défaut, elles sont innombrables, et de toutes sortes. Combien, par exemple, à commencer par Flaubert, ne peuvent prendre la plume sans allumer en même temps leur pipe[1] !

« Nous sommes tous esclaves de nos manies, remarque le docteur Félix Regnault dans un article de la *Revue encyclopédique Larousse*[2], consacré aux « Manies d'auteurs », l'écrivain n'y est pas moins soumis que nous; il s'est habitué à composer dans un certain milieu, environné de certains objets; il a adopté un mode d'être, un tic qu'il croit parfaitement innocent. Que ce milieu où il s'est accoutumé à penser, qu'un de ces objets familiers vienne à manquer, il sera arrêté et deviendra impuissant.

cédé de travail. Toutes mes notes prises, les chapitres en ordre et séparés, les personnages bien vivants, debout dans mon esprit, je commence à écrire vivement, à la grosse. Je jette les idées et les événements sans me donner le temps d'une rédaction complète ni même correcte, parce que le sujet me presse, me déborde, et les détails, et les caractères. Cette page noircie, je la passe à mon collaborateur (Mme Alphonse Daudet), je la revois encore à mon tour, enfin je recopie, avec quelle joie ! Une joie d'écolier qui a fini sa tâche, retouchant encore certaines phrases, complétant, affinant : c'est la meilleure période du travail. » (ALPHONSE DAUDET, *Trente ans de Paris*, p. 313-314 ; Paris, Marpon et Flammarion, 1888.)

1. Cf. *Le Radical*, 28 octobre 1895.

2. Année 1901, p. 1132-1134.

Qu'il veuille changer un acte habituel, il éprouvera immédiatement un vide cérébral et un arrêt de production. « Je ne puis plus écrire, me disait l'un « d'eux... qu'avec de l'encre violette. Ma pensée « s'arrête si elle s'exprime avec de l'encre noire. » Et comme cet écrivain se double d'un psychologue, il m'analysait finement son cas, continue le docteur Félix Regnault : « L'usage de l'encre nouvelle « (encre noire) produit chez moi un centre d'arrêt, « une inhibition ; il m'est toujours facile de former des « lettres, et mon centre moteur des mouvements des « doigts est intact, mais il y a arrêt dans la production « des idées ».

C'est bien ce qui justifie le mot si connu : « L'homme est un animal d'habitudes ».

Notons tout de suite, quitte à y revenir plus tard, que plusieurs de ces habitudes et manies ont leur raison d'être et sont physiologiquement de véritables stimulants des facultés cérébrales. Beaucoup d'écrivains, par exemple, composent de préférence en marchant ; c'est que la marche, comme tout exercice physique, active les mouvements du cœur et fait affluer le sang au cerveau. D'autres écrivains, au contraire, préfèrent travailler étant couchés ; c'est qu'ils sentent que leur cœur a besoin de ménagements. D'autres, comme nous le verrons, se refroidissent les pieds ; c'est encore pour faire monter le sang à leur cerveau.

De même, en excitant le goût et l'odorat, on agit indirectement sur la circulation cérébrale. « Une excitation locale d'une branche du nerf trijumeau qui commande à la mastication et au goût produit, par voie réflexe, une dilatation des vaisseaux cérébraux. Ainsi agit l'acte de se gratter la tête[1] ou de se tirer la moustache, gestes familiers à quiconque cherche une idée; ou encore l'habitude de se frotter le nez avec un doigt[2]. »

L'excitation des facultés gustuelles explique pourquoi le romancier Fenimore Cooper faisait usage, pour s'inspirer, de pastilles au miel ou de boules de réglisse; pourquoi lord Derby, en travaillant à ses œuvres, « emplissait sa bouche de cerises à l'eau-de-vie[3] ».

Les excitations du nerf olfactif ne sont pas moins efficaces chez certains sujets, nous apprend encore le docteur Félix Regnault. Et il nous cite Byron, qui ne pouvait écrire s'il ne sentait l'odeur des truffes, dont il remplissait ses poches; Théophile Gautier brûlant des pastilles du sérail; Baudelaire s'entourant de parfums; etc.

Pour d'autres écrivains, une lumière intense peut servir d'excitant; d'autres veulent l'obscurité.

Il en est aussi qui agissent sur le nerf auditif, aiment à entendre de la musique ou recherchent le bruit et le tapage. Parmi ces derniers, on cite un

---

1. Démosthène, avant de commencer un discours, était obligé de « se gratter longtemps le front ». (J.-J. Barthélemy, *Voyage du jeune Anacharsis*, chap. 62, t. V, p. 182; Paris, Didot, an XII.)

2. Dr Félix Regnault, *lieu cité*, p. 1133.

3. Id., *lieu cité*, p. 1134.

professeur de l'École polytechnique « qui ne pouvait faire sa leçon qu'au milieu d'un vacarme infernal. Quand ses élèves voulaient s'amuser, ils gardaient le plus grand silence; dans ces conditions, il était incapable de faire même une addition [1]. »

D'autres, tout au contraire, comme Montaigne, J.-J. Rousseau, Newton, Gœthe, etc., ont besoin de silence et de solitude.

A d'autres enfin, il faut des excitants très violents, alcool, haschich, opium, dont ils doublent sans cesse les doses, ce qui fait sombrer plus ou moins rapidement leur santé et leur génie.

Il est même des écrivains ou artistes qui vont, pour stimuler leur verve, jusqu'à s'imposer des souffrances, des tortures; tel ce « musicien célèbre, auquel on doit plusieurs opéras de grande valeur, qui composa la plupart de ses ouvrages les pieds nus, enfouis dans de larges pantoufles bourrées de petits cailloux pointus et de morceaux de verre pilé. Quand l'inspiration est rébarbative, il se lève, appuie fortement... et la douleur qu'il ressent la lui fait trouver aussitôt [2]. »

Voici un certain nombre de ces manies, quelques-uns de ces tics, — *restreints* encore une fois *au travail de l'écrivain et accompagnant ce travail*, — que je me borne à énumérer, sans en garantir l'authenticité absolue.

Le poète du Bartas (1544-1590), « pour faire sa

1. Dr FÉLIX REGNAULT, *lieu cité*, p. 1134.
2. ID., *ibid.*

fameuse description du cheval, galopait et gambadait des heures entières dans sa chambre, contre-
faisant ainsi son objet[1]. »

On vit Voltaire procéder à peu près de même,
pendant qu'il composait sa tragédie de *Catilina*
dans son château de Ferney. Pour stimuler sa verve,
« pour mieux s'inspirer, il s'était affublé d'une
toque, et déclamait ses vers avec de grands gestes,
au milieu de ses allées. A la vue de cet étrange
costume, le jardinier s'étant permis un éclat de rire,
son maître le chassa. Le lendemain, Mme Denis et
tous ses commensaux intervinrent, mais le seigneur
de Ferney fut inflexible. On eut beau objecter que
ce malheureux était père de famille, on obtint une
pension, mais jamais Voltaire ne reprit à son service un homme qui, disait-il, *avait ri au nez de
Cicéron*[2]. »

Dans son cabinet de travail, Voltaire avait, raconte-
t-on encore[3], « plusieurs pupitres sur lesquels étaient
placés les manuscrits commencés des diverses
œuvres qu'il menait de front; sur l'un une tragédie,
sur l'autre une œuvre historique, sur un troisième
un conte, et il allait de l'un à l'autre, travaillant à
peu près une heure à chacun ».

Bacon, Milton, l'érudit écrivain et prélat anglais
Warburton (1698-1779), le poète italien Alfieri (1749-

---

1. Sainte-Beuve, *Portraits littéraires*, t. II, p. 494, Paris,
Garnier, s. d., nouv. édit.
2. Le journal *Le Voleur*, 10 août 1841, p. 117.
3. *Lectures pour tous*, novembre 1901, p. 120.

1803) et l'économiste et philosophe Stuart Mill (1806-1873), avaient besoin, pour travailler, d'entendre de la musique; et l'on raconte que Bourdaloue exécutait toujours un air sur le violon avant d'aborder la rédaction d'un de ses sermons, et pour se mettre en train, et que, de même, le savant Darwin (1809-1882), avant de commencer sa tâche, « raclait d'un vieux violon[1] ».

Outre les charmes de la musique, auxquels il était des plus sensibles, Milton ne pouvait bien composer ses vers qu'en renversant la tête en arrière : c'est ainsi que l'inspiration lui venait[2].

Corneille, Malebranche et Hobbes « composaient le plus souvent dans l'obscurité[3] ».

La comtesse de la Suze, la galante poétesse (1618-1673), et l'érudit Tannegui Lefebvre (1615-1672) ne pouvaient travailler « sans être habillés avec la plus grande élégance[4] ». On en a dit autant de Buffon, mais le fait est contesté.

Le poète Louis Brault, auteur d'une tragédie sur *Christine de Suède* (1782-1829), avait besoin, lui, de vêtements particuliers pour versifier, vêtements qu'il conservait précieusement pour cet usage. « Hier, je me suis senti inspiré, contait-il un jour;

1. *Curiosités biographiques*, p. 40 (Paris, Paulin, 1846). Le *Passé Para-Médical*, n° 12, 25 juin 1893, p. 48 (Paris, G. Steinheil, éditeur), et Dr Félix Regnault, *lieu cité*, p. 1134.
2. *Le Radical*, 28 octobre 1895, et le *Journal de la Jeunesse*, 26 août 1911, p. 206.
3. *Curiosités biographiques*, p. 40.
4. *Même source*.

je suis vite revenu à la maison, j'ai mis mes vêtements de poète, et je suis allé au bois de Boulogne,
où j'ai travaillé toute la journée. » Ces *vêtements
de poète*, nous apprend Casimir Bonjour[1], « se composaient d'une redingote râpée, d'un pantalon déla-
bré, d'un chapeau et d'un gilet à l'avenant. Tout cela
tenait à peine ensemble, et l'infortuné s'effrayait
sérieusement de l'idée que peut-être ce costume
allait bientôt lui échapper. « Que deviendrai-je
alors? s'écriait-il avec douleur. Je serai donc obligé
de *renoncer à la carrière*? » Hélas! il a moins duré
que ses haillons!

Thomson, le poète écossais, l'auteur des *Saisons*
(1700-1748), passait des jours entiers dans son lit et
travaillait ainsi couché[2].

L'abbé Galiani (1728-1787), le correspondant de
Mme d'Épinay, avait aussi l'habitude de travailler
tous les matins dans son lit, et « nu comme un
ver »[3], selon la coutume de nombre d'Italiens, qui,
pour se livrer à Morphée, se dépouillent de tout
vêtement.

Le littérateur Thomas (1732-1785) « restait tous
les jours jusqu'à midi dans son lit, les rideaux fermés. Là, il composait dans sa tête les ouvrages
qu'il écrivait ensuite, d'un seul jet, lorsqu'il s'était
levé. C'est ainsi que, pendant toute sa vie, il parvint

---

1. Cf. *Le Figaro*, supplément littéraire, 22 juin 1879.
2. *Curiosités biographiques*, p. 40.
3. Eugène Asse, Notice en tête du tome II, p. xij, des
Lettres de l'abbé Galiani ; Paris, Charpentier, 1881.

à produire ce que Voltaire appelait. du *galithomas*[1]. »

Nous verrons plus loin Jean-Jacques Rousseau composer aussi de tête dans son lit.

L'académicien Picard, l'auteur de *la Petite ville*, des *Ricochets*, etc. (1769-1828), — écrivain bien supérieur à sa réputation, soit dit en passant, — composait aussi dans son lit ; et son confrère Étienne, l'auteur des *Deux Gendres* (1778-1845), avait la même manie[2]. « Quand Étienne se sent en verve, écrit Casimir Bonjour, il rentre précipitamment chez lui ; il éloigne femme, enfants, domestiques ; il ferme portes, fenêtres, valets, et, lorsqu'il a obtenu le silence le plus complet, l'obscurité la plus profonde, il se met au lit et fait ses vers.... Par une opposition curieuse, lorsqu'il écrit en prose, il aime à être entouré ; il a rédigé ses plus spirituelles pages de *la Minerve* au milieu du bruit et des conversations. »

Le romancier et humoriste américain Marc Twain (Samuel Clémens, 1835-1910) se couchait pour travailler[3].

Le célèbre jurisconsulte Cujas (1522-1590) travaillait, non pas dans son lit, mais « par terre, couché sur le ventre, ses livres et ses papiers autour de lui[4] ».

---

1. *Curiosités biographiques*, p. 40.
2. Cf. Casimir Bonjour, *Le Figaro*, supplément littéraire, 22 juin 1879.
3. *Le Journal de la Jeunesse*, 26 août 1911, p. 206.
4. *Curiosités biographiques*, p. 40.

Au contraire, l'historien et bibliographe allemand Reimmann (1668-1743), « passa la plus grande partie de sa vie debout. Pour ne pas contrevenir à la loi bizarre qu'il s'était imposée (de ne jamais s'asseoir pour travailler), il resta plus de trente ans sans avoir de chaises ni de fauteuils dans son cabinet [1] ».

L'érudit Henri Estienne (1528-1598) composait volontiers « en voyageant à cheval[2] », et Gœthe en marchant[3]. Gœthe, en outre, avait besoin, pour travailler, « d'une solitude absolue[4] ».

Le maestro Auber (1782-1871), qui aimait beaucoup les chevaux, composait aussi très fréquemment « en se promenant à cheval[5] » ; et son émule Donizetti (1797-1848), en se promenant à pied : « ...Où trouvé-je le temps de faire tout cela, direz-vous ? écrivait-il à un ami. Je le trouve, et même je me promène la moitié de la journée, parce que c'est en me promenant que je travaille le plus[6]. »

De même encore Daru (1767-1829), l'homme d'État, traducteur d'Horace, préparait ses discours en se promenant à pied ou dans sa voiture[7].

Inversement, Descartes « pratiquait, comme Lei-

1. *Curiosités biographiques*, p. 40.
2 et 3. *Le Passé Para-Médical*, no 12, 25 juin 1913, p. 48 ; Paris, G. Steinheil, éditeur.
4. Gœthe, « Lettre à Schiller », 7 août 1799. (*Correspondance entre Goethe et Schiller*, t. II, p. 126 ; trad. de Mᵐᵉ de Carlowitz.)
5. Arthur Pougin, *Musiciens du dix-neuvième siècle*, p. 14 ; Paris, Fischbacher, 1911.
6. Id., *ouvrage cité*, p. 109.
7. Sainte-Beuve, *Causeries du lundi*, t. IX, p. 444.

bniz, la *méditation horizontale* [1] », c'est-à-dire qu'ils travaillaient tous les deux étant couchés.

Kant, un des philosophes et même des hommes les plus maniaques qui aient existé, ne pouvait se livrer à ses réflexions et à sa besogne qu'en regardant un peuplier qui était devant sa fenêtre : l'arbre abattu, notre métaphysicien se trouva tout désorienté et « perdit le fil de sa pensée [2] ».

Et, à ce propos, remarquons combien d'écrivains ne peuvent travailler que chez eux, dans leur cabinet ou *studio* habituel. Ailleurs, il se sentent dépaysés, annihilés. Eugène Pelletan, dans sa *Nouvelle Babylone*, nous raconte tout le chagrin et la profonde dépression physique et morale qu'il éprouva lorsqu'une expropriation le força à quitter l'appartement qu'il occupait depuis nombre d'années, auquel il était accoutumé, d'où il planait sur les arbres et les parterres du jardin du Luxembourg : il ne pouvait plus écrire une ligne, ne pouvait plus se ressaisir : il était comme « tué » [3].

Encore une singularité du philosophe Kant : « Alors qu'il professait à Kœnigsberg, il avait, pendant la durée de sa classe, contracté l'habitude de fixer les yeux sur l'habit d'un de ses auditeurs. A cet habit manquait un bouton, et c'est l'endroit inoccupé qui avait le privilège de concentrer les

---

1. *Le Passé Para-Médical*, lieu cité.
2. Émile Deschanel, *Physiologie des écrivains et des artistes*, p. 176.
3. Cf. Id., *ibid*.

regards et d'attirer l'attention du maître. Des fils
imperceptibles, partant de cet endroit, allaient
remuer son cerveau et animer son improvisation. Il
y avait six mois que duraient ces relations intimes
entre une place vide et le cerveau d'un grand philosophe, quand l'étudiant dont il s'agit eut la fantaisie
de faire remettre son bouton. Quelle ne fut pas la
consternation du pauvre Kant, lorsque, à son entrée
dans la chaire, il aperçut le morceau de métal ! Il
fut atterré ; il rougit, il pâlit ; la chaîne de ses idées
se brisa, et sa leçon fut détestable [1]. »

Schiller ne pouvait composer s'il ne se mettait pas
les pieds dans la glace [2].

Chateaubriand avait également besoin, pour s'inspirer, de se refroidir les pieds : « Quand il dictait
un article à son secrétaire, il se promenait les pieds
nus sur le carreau glacial de sa chambre [3] ».

Bossuet, pour exciter son cerveau, « s'enveloppait la tête de linges chauds et méditait dans une
chambre froide [4] » ; J.-J. Rousseau « réfléchissait,
tête nue, au soleil en plein midi [5] ».

Tout à l'opposé — si, après des aigles, il convient
de citer un humble passereau, — le marquis d'Anto-
nelle, écrivain politique, journaliste et économiste
(1747-1817), « lorsqu'il écrivait, avait à côté de lui

---

1. Le journal Le Voleur, 10 août 1841, p. 117.
2. Émile Deschanel, ouvrage cité, p. 174 ; et Le Radical,
28 octobre 1895.
3. Le Radical, ibid.
4. Docteur Félix Regnault, lieu cité, p. 1133.
5. Id., ibid.

une pile d'assiettes, qu'il plaçait successivement sur son cou nu, et qu'il changeait à mesure qu'elles venaient à s'échauffer. Il prétendait rafraîchir ainsi les vapeurs bouillantes de son cerveau[1]. »

Crébillon « faisait ses tragédies en ayant deux corbeaux sur sa table[2] ». On oublie de nous dire si ces volatiles étaient vivants ou empaillés.

Jean-Baptiste Casti, poète italien, le spirituel auteur des *Animaux parlants* (1711-1803), « composait ses jolis vers en jouant aux cartes tout seul, sur son lit[3] ».

A l'exemple de Méhul, qui plaçait une tête de mort sur son piano[4], le mélancolique et mystique Chassaignon (1735-1795), « prédécesseur de Ballanche, n'écrivait jamais que devant une tête de mort, et, pour apprendre à mourir, ne manquait jamais une exécution[5] ».

---

1. *Curiosités biographiques*, p. 41.

2. Le *Journal de la Jeunesse*, 8 février 1913, p. 155. Ces oiseaux étaient vivants : « Crébillon vécut dès lors dans le plus complet isolement, livré à une misanthropie bizarre, misérable, malpropre, souvent déguenillé, fumant sans cesse,... et n'ayant pour compagnie, dans son grenier, que des chiens qu'il ramassait dans les rues, des corbeaux et surtout des chats. » (LAROUSSE, *Grand Dictionnaire*.)
Voir aussi CASANOVA, *Mémoires*, t. II, chap. x, p. 181-182 (Bruxelles, Rozez, 1860) ; — Gustave DESNOIRESTERRES, *le Chevalier Dorat*, p. 20 et suiv. ; — etc.

3. *Curiosités biographiques*, p. 40. *Les Animaux parlans* (*sic*), poème épique en vingt-six chants, de J.-B. Casti, a été traduit librement de l'italien en vers français par L. Mareschal (Paris, 1819, 2 vol. in-8).

4. *Curiosités biographiques*, p. 44.

5. MICHELET, *Histoire de la Révolution française*, t. VIII, p. 4 (Paris, Marpon, 1879).

Casimir Bonjour raconte que « Mme de Staël ne pouvait trouver une idée, si elle ne roulait rapidement dans ses doigts une petite branche d'arbre ou une boulette de mie de pain [1] ».

Il ajoute [2] que « l'illustre auteur de la *Mécanique céleste*, le géomètre Laplace, qui était aussi un écrivain distingué, jouait perpétuellement avec un écheveau de fil. Sa puissante intelligence se serait arrêtée, faute de cet écheveau, et son valet de chambre, soigneux de sa gloire, venait tous les matins le lui glisser dans les doigts. »

Beaucoup d'écrivains se mettent à la besogne dans la matinée, après un très léger repas, une tasse de thé, de chocolat ou de café, de façon, lorsqu'ils tiennent la plume, à ne pas avoir l'estomac chargé. L'économiste Turgot, lui, « ne travaillait bien que quand il avait largement dîné, » nous apprend le docteur Réveillé-Parise [3], qui relate, en outre, ces deux étranges particularités : « Addison parle d'un avocat qui ne plaidait jamais sans avoir dans la main un bout de ficelle dont il serrait fortement un de ses pouces pendant tout le temps que durait son plaidoyer ; les plaisants disaient que c'était *le fil de son discours*. Le docteur Shapman rapporte qu'un avocat célèbre de Londres se faisait appliquer un vési-

---

1. Cf. *Le Figaro*, supplément littéraire, 22 juin 1879 ; — *Le Voleur,* 10 août 1841, p. 117 ; — et H. DE LATOUCHE, *Fragoletta,* p. 219.

2. Cf. *Le Figaro*, supplément littéraire, *ibid* ; — et *Le Voleur, ibid.*

3. Dans ÉMILE DESCHANEL, *ouvrage cité*, p. 173.

catoire au bras chaque fois qu'il avait une affaire importante à plaider. »

Humboldt écrivait d'ordinaire en tenant son papier sur ses genoux[1].

« Pour exciter sa puissance imaginative..., le poëte et romancier irlandais Maturin (1782-1825) se collait un pain à cacheter sur le front[2]. »

« Théophile Gautier avait une écriture microscopique, nous apprend Gustave Claudin[3]. Après chaque feuillet, il se levait machinalement et s'en allait à l'imprimerie, près de laquelle il travaillait [dans une pièce voisine de l'atelier de composition]. Il saisissait une lettre d'imprimerie, l'examinait avec curiosité, puis la remettait dans sa casse. C'était chez lui un tic dont il n'avait pas conscience. Il attendait toujours au dernier moment pour écrire son feuilleton. « On ne se fait jamais, disait-il, guillo- « tiner avant l'heure. »

Sur la façon de travailler de Théophile Gautier, voici d'autres renseignements détaillés fournis par

1. *Le National*, 3 novembre 1886.
2. Le *Journal de la Jeunesse*, 26 août 1911, p. 206. Balzac, dans son étude philosophique, *l'Élixir de longue vie* (dans le volume *les Marana*, p. 252 ; Paris, Librairie nouvelle, 1858), range Maturin, qu'on orthographie aussi Mathurin, parmi « les plus grands génies de l'Europe »; Gustave Planche écrit, de son côté (*Portraits littéraires*, t. I, p. 49 ; Paris, Werdet, 1836) : « ... Un jour la postérité placera *Melmoth* et *Bertram* (de Maturin) entre *Faust* et *Manfred*... *Melmoth* et *Bertram*, qui consacrent littérairement le génie de Mathurin... » Victor Hugo, Charles Nodier et d'autres ont aussi célébré « le génie de Maturin »; si oublié de l'ingrate postérité, qui n'a placé nulle part *Melmoth* et *Bertram*. *Sic transit gloria !*
3. *Mes Souvenirs*, p. 280.

lui-même aux Goncourt[1] : « Je ne travaille jamais chez moi. Je ne travaille qu'au *Moniteur*, à l'imprimerie. On m'imprime à mesure. L'odeur de l'encre d'imprimerie, il n'y a que cela qui me fasse marcher. Puis il y a cette loi de l'urgence. C'est fatal. Il faut que je livre ma copie. Oui, je ne puis travailler que là. Je ne pourrais maintenant faire un roman que comme cela ; c'est qu'en même temps que je le ferais, on m'imprimerait dix lignes par dix lignes. Sur l'épreuve on se juge. Ce qu'on a fait devient impersonnel, tandis que la copie, c'est vous, votre main, ça vous tient par des filaments, ce n'est pas dégagé de vous. Je me suis toujours fait arranger des endroits pour travailler, eh bien ! je n'ai jamais rien pu y faire. Il me faut du mouvement autour de moi. Je ne travaille bien que dans le sabbat, du lieu que, lorsque je m'enferme pour travailler, la solitude m'attriste... »

Théophile Gautier était excessivement superstitieux. Ainsi, il ne voulut jamais, paraît-il, écrire le nom du compositeur Offenbach, qui, selon lui, portait malheur, était *jettatore*. Quand ce nom devait figurer dans sa copie, dans un de ses feuilletons de théâtre, « il faisait venir de l'imprimerie un compositeur et lui faisait découper dans un journal les lettres du nom d'Offenbach. Ces lettres, il les collait sur son papier. Le nom fatal était sur la copie, mais Gautier ne l'ayant pas écrit avait échap-

<hr>

1. *Journal*, année 1862, t. II, p. 11-12.

pé à la *jettatura* ; il avait conjuré « le malin » [1].

Un soir, dans un des célèbres dîners qui avaient lieu au restaurant Magny, et où assistaient Renan, Gavarni, Flaubert, Paul de Saint-Victor, Edmond de Goncourt, Sainte-Beuve, Taine, etc., « on se trouva treize à table, et Gautier parlait de s'en aller. Pour le rassurer, Sainte-Beuve alla s'asseoir à une petite table, mais cela faisait toujours treize convives. Alors Sainte-Beuve fit monter l'enfant de la maison, le petit Magny, et le fit dîner avec lui. Dès lors, la sérénité revint sur le visage de Théo [2]. »

Comme les Orientaux, ou du moins certains Orientaux, Gautier croyait que, lorsqu'on dit des gentillesses à un enfant, cela lui porte malheur ; aussi prodiguait-il à son petit-fils, âgé de quelques mois, tout « le chapelet des injures et des gros mots nécessaires pour conjurer le mauvais sort [3] ».

Paul de Saint-Victor, très brillant styliste comme Gautier, avait aussi ses manies. « Durant toute sa vie, nous conte Robert de Bonnières [4], il eut un même encrier en bois noir qu'il avait rapporté de la maison des Jésuites de Fribourg, où il fit ses premières études jusqu'à la rhétorique et la philosophie... Cet encrier était un fétiche dont il ne voulut jamais se séparer. Il ne pouvait écrire que dans son

1. *L'Indépendance de l'Est*, 17 octobre 1900.
2. Jules Troubat, *Souvenirs du dernier secrétaire de Sainte-Beuve*, p. 227.
3. Maurice Dreyfous, *Ce que je tiens à dire*, p. 321.
4. *Mémoires d'aujourd'hui*, 2ᵉ série, p. 87, note 1. Voir aussi Gustave Claudin, *Mes Souvenirs*, p. 284.

cabinet de travail. Il prenait peu de notes en voyage et se fiait à sa mémoire qui était bonne. Il ne pouvait écrire de son style qu'après avoir été rasé et coiffé. »

On cite un bibliothécaire du Vatican, le savant Luc Holstenius (1596-1661), qui tenait tellement, lui, non à son encrier, mais à sa plume (à son porte-plume), dont il se servait depuis quarante ans, qu'il mourut, dit-on, du chagrin que lui causa la perte de cet instrument[1].

Sur Émile Augier, Barbey d'Aurevilly, Henri Meilhac et Philarète Chasles, le fin lettré et chroniqueur, Charles Monselet nous révèle les particularités suivantes[2], où nous soupçonnons un tantinet d'exagération :

« Émile Augier, avant d'écrire ses dialogues incisifs et brillants, donne du cor de chasse à pleins poumons dans sa maison de campagne à Croissy, quai de l'Écluse.

« Barbey d'Aurevilly revêt un costume satanique : maillot rouge, veste rouge, calotte dantesque. Ainsi ont été écrites les *Diaboliques*.

« Henri Meilhac joue au billard, sur un billard à lui, installé dans son appartement de la rue Drouot. Entre deux parties, il prend la plume et écrit une scène de comédie.

« Le plus étonnant des écrivains à manies était

1. Cf. *Le Chasseur bibliographe*, mars 1863, p. 11.
2. *De A à Z, Portraits contemporains*, p. 27 ; Paris, Charpentier, 1888.

sans contredit Philarète Chasles. Très mondain, il ne se mettait au travail qu'à la dernière extrémité. Mais alors il n'abandonnait la besogne entreprise que lorsqu'elle était achevée entièrement. Il appelait cela *entrer en loge*. Dans ces circonstances, il s'enfermait absolument, portes closes et rideaux tirés, quelque heure qu'il fût. Plusieurs flambeaux autour de lui. La seule nourriture qu'il prît alors était un bizarre mélange de jaunes d'œufs durs pilés et délayés dans du café noir. Ce mets était placé sur la table, à sa portée ; il en usait discrètement, à de longs intervalles. Pour unique boisson, du vin de Champagne. Cela durait deux ou trois jours et autant de nuits. Mais aussi, lorsque Philarète Chasles *sortait de loge*, quelle détente ! quel joyeux vacarme ! quelle tempête d'éclats de rire ! comme il lui semblait bon de se remettre à vivre ! »

Charles Dickens possédait une « collection de figurines de bronze, qu'il aimait à avoir devant les yeux pendant son travail, leur attribuant le nom et la personnalité des héros de son récit[1] ».

Le feuilletoniste populaire Ponson du Terrail avait une habitude analogue. Voici ce qu'on lit dans les journaux de janvier 1872, quelque temps après le décès du fameux auteur de *Rocambole*, et à l'occasion de la mise en vente de son mobilier[2] :

1. B.-H. GAUSSERON, *Dickens*, Introduction, p. XXVII ; Paris, Colin, 1903.
2. Voir notamment le journal *Le Voleur*, 12 janvier 1872, p. 30-31.

« ... Parmi les différents objets qui excitaient la
curiosité du public, citons une collection de petites
marionnettes, hautes de 35 centimètres, habillées
de différents costumes, ayant chacune leur physio-
nomie particulière et dont le romancier se servait
quotidiennement pour suivre les principaux personnages de ses romans. Ce lot de marionnettes est
distribué par groupes : chacun de ces groupes porte
le nom du roman dont il renferme les personnages,
et chaque personnage le nom qu'il portait dans le
roman. Le groupe de Rocambole ne se compose pas
de moins de 282 marionnettes, revêtues des costumes les plus bizarres que l'on puisse imaginer, et
auxquelles les figures, sculptées par M. Dolégus,
artiste suisse, donnent une certaine valeur[1]. »

C'était afin d'éviter certaines malencontreuses
résurrections de ses personnages, commises étour-
diment par lui, que Ponson du Terrail s'était décidé
à user de ce système : « Pour éviter à l'avenir de
si fatales méprises, il faisait confectionner de petites
poupées, habillées des costumes précédemment
décrits par lui et portant les noms de tous ses personnages ; à mesure qu'il en tuait un dans son
feuilleton, il en inhumait l'effigie dans un placard

1. Je dois ajouter que, malgré ces renseignements si précis,
— et que, pour mon compte, je crois exacts, — et les mêmes
assertions dans quantité d'autres journaux de l'époque, dans
le *Grand Dictionnaire* do Larousse et ailleurs encore, l'histoire de ces figurines ou marionnettes de Ponson du Terrail a
été démentie, et précisément par le directeur du journal
Le Voleur, Balathier de Bragelonne, n° du 20 novembre 1874,
p. 751.

spécial, le Père-Lachaise de ce monde imaginaire[1] ».

Le célèbre orateur Jules Favre, à ses débuts, étudiait ses plaidoiries à genoux sur le plancher de sa chambre, pour ne pas s'endormir[2].

Tout en écrivant, le spirituel chroniqueur Henry Maret tenait, dans sa main gauche, un coupe-papier ou des ciseaux, qu'il tournait et retournait, absolument comme l'érudit critique Jules Levallois jouait avec son couteau ou un petit caillou[3].

Nous verrons plus loin d'autres manies ou particularités destinées à stimuler les facultés cérébrales ; en traitant de l'hygiène, nous parlerons des écrivains qui ont eu recours à des excitants : tabac, alcool, etc. ; puis nous passerons en revue ceux qui se sont plu à ne travailler que la nuit, comme George Sand, Littré, Mürger ; ou à faire, durant le jour, l'obscurité dans leur cabinet de travail, comme l'historien Mézeray et Barthélemy Saint-Hilaire.

1. Larousse, *Grand Dictionnaire*, art. Ponson du Terrail.
2. Guyot-Daubès, *La Méthode dans l'étude*, p. 210.
3. Voir ci-dessus, p. 74.

IV

L'HYGIÈNE DES ÉCRIVAINS
L'ALCOOL, LE CAFÉ, LE TABAC, ETC.
LA MISE EN TRAIN.

N'abuser de rien, pas d'excès, *ne quid nimis* : ce vieil adage pourrait résumer tous les conseils relatifs à l'hygiène et à la diététique des travailleurs intellectuels — et autres.

« Manger sobrement », c'est la première condition pour entretenir la santé, d'après Plutarque, qui estime aussi que « la nourriture la plus simple est la meilleure pour le corps[1] ».

« La tempérance et le travail sont les deux vrais médecins de l'homme, proclame J.-J. Rousseau[2] :

1. PLUTARQUE, *Œuvres morales*, Les règles et préceptes de santé, t. XI, p. 138 et 159, trad. Amyot (Paris, Bastien, 1784) : « Il a été sagement dit par les anciens que, pour entretenir sa santé, ces trois points sont nécessaires : manger sans se souler, travailler sans s'épargner, et sa semence conserver. »

2. *Émile*, livre I (*Œuvres complètes*, t. I, p. 431; Paris, Hachette, 1862).

le travail aiguise son appétit, et la tempérance l'empêche d'en abuser. »

Dans son ouvrage sur la *Physiologie et Hygiène
des hommes livrés aux travaux de l'esprit*[1], le docteur Réveillé-Parise (1782-1852) a rassemblé nombre
d'importantes remarques et d'excellents préceptes
sur le sujet que nous abordons.

« Rien ne prédispose aux maladies comme un
état continuel de plénitude et d'ingurgitation abdo-
minale...

« Par la sobriété, on évitera non seulement une
foule de maux, mais les facultés de l'intelligence se
maintiendront en activité. C'est une vieille et excellente maxime, que la tempérance est la mère-nour-
rice du génie.

« Les Muses sont chastes, ajoutez encore qu'elles
sont sobres[2]. Cette tempérance a pour but et pour
effet de rendre la tête froide, les idées nettes et le
jugement sain...

1. On trouve un résumé de ce magistral traité dans les *Classiques de la table*, comme « Règles générales d'hygiène » pré-
cédant les *Aphorismes de l'École de Salerne*, t. I, p. 531 et
suiv. (Paris, Didot, 1855).

2. « ... Je ne me doutais pas que la tempérance fût la nour-
rice du génie, et cependant rien n'est plus véritable.... Le
travail de l'imagination ne veut pas être embarrassé par celui
des autres organes. Les Muses, a-t-on dit, sont chastes; il
aurait fallu ajouter qu'elles étaient sobres.... » (MARMONTEL,
Mémoires, livre IV, p. 151; Paris, Didot, 1846.) Nous avons vu
cependant, au cours du chapitre précédent, l'économiste et
ministre Turgot ne pouvoir bien travailler qu'après avoir largement dîné : « tant il y a de variétés, de différences et de
contradictions dans tous les organismes et toutes les choses
humaines ».

« Faire un choix d'aliments convenables, sans exclusion, rafraîchissants, calorifiants, légers, substantiels, toujours selon la tolérance gastrique. Encore une fois, l'aliment qu'on digère le mieux est le meilleur...

« Si, par circonstance, on mange plus qu'on ne doit, il faut se restreindre les jours suivants. John Saint-Clair fait mention d'un homme de lettres très distingué, qui, étant obligé de passer de temps en temps quelques semaines à Londres, se trouvait toujours incommodé des grands repas auxquels il était invité. Il imagina d'y remédier en se faisant une règle de jeûner tous les dimanches, et de ne prendre ce jour-là d'autre nourriture qu'un œuf poché, ce qui lui réussit. L'empereur Vespasien faisait diète un jour par mois : c'est une excellente coutume [1]. »

On l'a dit et redit depuis longtemps : tout homme qui exerce une profession sédentaire n'a pas besoin de la forte et substantielle nourriture nécessaire à ceux qui travaillent et peinent au dehors. Cette abondante et pesante alimentation, que le labeur physique et le grand air aident si puissamment à digérer, — on digère surtout avec les jambes, en marchant, déclarent les médecins, — se transforme, chez les intellectuels, en rhumatismes, goutte, gravelle, artério-sclérose, etc.

Donc, évitez les aliments trop copieux et trop

____

1. Dr Réveillé-Parise, *ouvrage cité*, p. 531-534.

échauffants ; mangez avec sobriété, surtout le soir, avant de vous immobiliser dans votre lit : « Un souper sobre tient le corps en bon état jusqu'au lendemain [1] ».

Rappelez-vous ce mot d'un philosophe ancien, mort à cent huit ans ; on lui demandait à quoi il fallait attribuer cette longue et heureuse vieillesse qui lui laissait l'usage de toutes ses facultés : « A ma rigoureuse habitude de ne jamais dîner hors de chez moi », répondit-il [2].

Et c'est surtout en vieillissant qu'il faut se restreindre, devenir de plus en plus sobre. Pour se maintenir en bonne santé, « rester jeune, c'est-à-dire dans l'équilibre de ses forces », Gœthe n'avait rien trouvé de mieux que « de se retrancher progressivement quelque chose dans son alimentation [3] ».

Que votre déjeuner de midi soit votre meilleur repas, et, si vous le pouvez, faites ensuite une promenade pour faciliter la digestion.

D'une façon générale, les gens de lettres, les hommes de bureau, tous les travailleurs intellectuels — on le sait, et on le leur reproche souvent — ne prennent pas assez d'exercice, ne marchent pas assez ; aussi ont-ils tendance à se congestionner. C'est pour cela que Cabanis se plaisait à répéter cette sentence d'Hoffmann : « L'apoplexie nerveuse est

1. Plutarque, *ouvrage cité*, t. XI, p. 149.
2. Cf. Lucien de Samosate, *Œuvres complètes*, t. II, p. 325, trad. Talbot.
3. Michelet, *Sur les chemins de l'Europe*, p. 412 ; Paris, Marpon, 1893.

la récompense accordée par la nature aux longs travaux de l'esprit [1] ».

Il est des personnes qui ont coutume de faire la sieste après le repas de midi, et s'en trouvent bien. Il en est même qui faisaient, — car la mode en est, je crois, passée, — la sieste le soir, après le dîner, — un petit somme d'un quart d'heure, Thiers et Henry Monnier, par exemple [2]. Nous n'avons pas tous, encore une fois, le même tempérament, nous ne sommes pas tous construits sur le même patron. Des médecins qualifient, en effet, la sieste de « salutaire »; « la nature, ajoutent-ils, semble nous en donner l'indication, car tous les animaux se reposent après avoir mangé. Homère, Sanctorius [3], Boerhaave et Hoffmann ont recommandé cette pratique, surtout aux gens âgés. » Un court repos intellectuel et physique (d'une heure environ) contribue à une digestion prompte et facile ; après le repos, l'exercice, le mouvement, est une excellente chose [4].

« Se coucher tôt et se lever tôt » est une bonne

1. Dans ANTOINE GUILLOIS, *Le Salon de M*^me^ *Helvétius*, p. 227 ; Paris, C. Lévy, 1894.

2. Cf. ALPHONSE DAUDET, *Trente ans de Paris*, p. 227 ; Paris, Marpon, 1888.

3. Sanctorius ou Santorio (1561-1636), célèbre médecin italien, qui professa longtemps à Padoue, se livra, pendant trente ans, à des expériences « sur la déperdition du corps » ; il prenait ses repas dans une chaise suspendue en l'air et maintenue par un contrepoids dans cet état, jusqu'à ce qu'il eût absorbé une certaine quantité d'aliments : « l'abaissement de la chaise l'avertissait de quitter la table ». (*Les Classiques de la table*, t. II, p. 198.)

4. Cf. la *Revue encyclopédique Larousse*, 1892, col. 1023.

habitude, recommandée par l'École de **Salerne**. Nous la trouvons aussi préconisée chez nos vieux conteurs, par un des personnages de l'*Heptaméron*[1] : « Dame Oisille... disoit qu'une heure (de repos) avant minuit valoit mieux que trois après ».

Nous verrons, d'ailleurs, plus loin et tout spécialement les avantages qu'il y a à se lever de bonne heure et à se ménager de longues matinées.

* *

De l'alcool, pas n'est besoin, il me semble, de parler longuement : ses dangers et ses méfaits sont aujourd'hui universellement reconnus, partout signalés. Abstenez-vous des spiritueux et de tous les excitants, surtout à partir de la cinquantaine. Plus que jamais alors, « l'usage des stimulants vieillit nos organes [2] ».

Mme de Staël a, paraît-il, abrégé ses jours par l'abus de l'opium [3].

« M. le docteur Fleury, qui a personnellement connu Guy de Maupassant, nous apprend que ce romancier s'était livré longtemps à l'abus des excitants artificiels de la pensée, alors que, plus que tout autre, il aurait dû s'en abstenir, ayant plusieurs aliénés parmi ses ascendants. Le docteur l'ayant féli-

1. Deuxième journée, nouvelle 19, p. 160 ; Paris, Delahays, 1858.
2. Senancour, *Oberman* ou *Obermann*, Lettre 64, p. 347, — qui ajoute, en cet endroit, que « les buveurs d'eau conservent bien plus longtemps leur délicatesse de sensations ».
3. Cf. *Chronique médicale*, 1er septembre 1917, p. 262.

cité du talent avec lequel il avait décrit la jalousie dans son roman *Pierre et Jean*, l'écrivain lui répondit qu'il n'en avait pas écrit une ligne sans s'enivrer avec de l'éther[1]. »

Des écrivains, habitués à aiguillonner leur verve par l'absorption de liqueurs fortes, ont naturellement émoussé leurs sens peu à peu, et, peu à peu aussi, pour retrouver toute leur vivacité d'esprit et arriver à leur plénitude de moyens, ils ont dû augmenter la dose, jusqu'à la catastrophe finale. La liste de ces poètes ou prosateurs fervents de la dive serait longue, depuis Eschyle, qui, au dire de Plutarque[2], composait ses tragédies « quand il était bien échauffé de vin », Aristophane, « qui ne travaillait à ses ouvrages que dans le délire du vin[3] », jusqu'à Hoffmann, Edgar Poe, Privat d'Anglemont[4], Alfred de Musset[5], Charles Dickens, Paul Verlaine, etc.[6].

1. L. PROAL, *Revue bleue*, 6 mai 1900, p. 565.
2. *Ouvrage cité*, Propos de table, t. XII, p. 37.
3. J.-J. BARTHÉLEMY, *Voyage du jeune Anacharsis*, chap. 71 ; t. VI, p. 161 ; Paris, Didot, an XII.
4. Cf. *L'Univers illustré*, 6 août 1859, p. 282.
5. Sur Alfred de Musset et sa passion pour l'absinthe, « où il croyait puiser de nouvelles forces intellectuelles », voir la *Revue encyclopédique Larousse*, 1899, p. 1013, — et le même recueil, 1900, p. 543, où se trouvent des strophes inédites d'Alfred de Musset à son ami Ulric Guttinguer, formant une sorte d'apologie, plus ou moins ironique, de l'absinthe :

> Voyez combien l'ivresse est sainte
> Puisque avec deux verres d'absinthe
> On peut doubler le firmanent.
> Ne riez pas, l'absinthe est bonne,
> Etc., etc.

Voir aussi, sur Alfred de Musset mêlant de l'absinthe à la

[Voir note 6 page suivante.]

Le café noir a de nombreux partisans, en tête desquels Delille a placé Voltaire et s'est placé lui-même :

Il est une liqueur au poète plus chère [1],
Qui manquait à Virgile, et qu'adorait Voltaire.
C'est toi, divin café, dont l'aimable liqueur
Sans altérer la tête épanouit le cœur...
Viens donc, divin nectar, viens donc, inspire-moi ! [2]

Le fait est que le café, s'il est contraire à certains tempéraments, aux personnes âgées, en général, et aux malades du cœur, aux « cardiaques », — à qui, du reste, le thé ne convient pas davantage, — est très apprécié par nombre d'écrivains et de travailleurs.

Notre grand historien Michelet, dans son volume sur la Régence [3], a tracé un curieux et superbe panégyrique de *l'avènement du café*, — « du café, dont, au dix-huitième siècle, l'effet n'était pas affaibli, neutralisé, comme aujourd'hui, par l'abrutissement du tabac. On prisait, mais on fumait peu.

bière, ÉDOUARD GRENIER, *Souvenirs littéraires*, *Revue bleue*, 3 septembre 1892, p. 303.

6. Et Gérard de Nerval : « Sans être dipsômané par goût, comme Hoffmann, Edgar Poe ou Vérlaine, Gérard de Nerval (à force de boire de la bière, du cidre, etc.) arrivait à s'alcooliser d'une façon très appréciable ». (D' CH. GUILBERT, *La Revue* [Revue mondiale], 1er février 1916, p. 258.) Baudelaire, lui, « fut un toxicomane indéniable ». (ID., *La Revue* [Revue mondiale], 1er mars 1916, p. 424.)

1. Que le vin.

2. DELILLE, *Les Trois Règnes*, chant vi, t. II, p. 114-115 ; Paris, Lefèvre, 1844.

3. *Histoire de France*, t. XVII, p. 164 et suivantes ; Paris, Marpon, 1879.

« ... Le règne du café est celui de la tempérance. Le café, la sobre liqueur, puissamment cérébrale, qui, tout au contraire des spiritueux, augmente la netteté et la lucidité, — le café qui supprime la vague et lourde poésie des fumées d'imagination, qui, du réel bien vu, fait jaillir l'étincelle et l'éclair de la vérité, — le café antiérotique imposant l'alibi du sexe par l'excitation de l'esprit...

« Ce fort café, celui de Saint-Domingue, plein, corsé, nourrissant, aussi bien qu'excitant, a nourri l'âge adulte du siècle, l'âge fort de l'*Encyclopédie*. Il fut bu par Buffon, par Diderot, par Rousseau, ajouta sa chaleur aux âmes chaleureuses; sa lumière à la vue perçante des prophètes assemblés dans « l'antre de Procope », qui virent, au fond du noir breuvage, le futur rayon de 89. » Etc., etc.

Michelet, après une telle apologie, ne pouvait qu'être amateur de café ; il en prenait dès le matin, en se levant : « Dès qu'il se lève, à six heures, il l'avale (son café) ; cela le *porte*, dit-il, jusqu'à midi [1] ».

Dans ses conseils aux gens de lettres, Eugène Mouton prône aussi avec enthousiasme les mérites du café [2].

« Mais qu'on y prenne garde, ajoute-t-il, l'abus du café est dangereux comme tous les autres, et, quand on le pousse trop loin, il produit les mêmes

1. Émile Deschanel, *Physiologie des écrivains et des artistes*, p. 172 ; Paris, Hachette, 1864.
2. *L'art d'écrire un livre*, p. 180-181.

désordres nerveux, intellectuels et digestifs que l'alcoolisme. »

L'abus du café est tellement dangereux, qu'on a pu dire que Balzac, qui en absorbait chaque nuit d'innombrables tasses, et d'un café particulièrement fort [1], en est mort à cinquante ans et quelques mois [2].

Henry Mürger, mort aussi prématurément, était de même un passionné buveur de café noir : « Trois ou quatre tasses se suivant ne me font pas peur », disait-il. En vain les médecins avaient-ils tenté d'enrayer cette passion : « Impossible à moi de travailler sans cela ! » répliquait Mürger. « Quelque temps après, il eut une grave atteinte de la maladie que lui avait prédite Berger (médecin légiste) ; ce fut au point que, son cas étant considéré comme rare par la science, il fut étudié de très près et à titre de curiosité pathologique à l'hôpital Saint-Louis, où on le traitait. » Cette maladie, nous apprend plus loin le même biographe, Alexandre Schanne (le Schaunard des *Scènes de la Vie de*

---

1. Léon Gozlan a donné, dans son *Balzac intime* (p. 17-19 ; Paris, Librairie illustrée, s. d.), la recette détaillée et la description de ce café et aussi d'un non moins fameux thé cher à l'illustre romancier.

2. Derniers moments de Balzac : « Une ancienne affection du cœur, souvent exaspérée par le travail des nuits, et par l'usage ou plutôt par l'abus du café, auquel il avait dû recourir pour combattre la propension de l'homme au sommeil, venait de prendre un nouveau et fatal développement », etc. (Docteur Nacquart, dans Octave Uzanne, *Zigzags d'un curieux*, p. 131.)

bohème), était le *purpura* ou *pourpre,* causé, répète-t-il, « par l'abus du café », et non, comme on l'a prétendu, certaine affection « qui n'épargne même pas les rois[1] ».

Et Flaubert : « Sous prétexte d'évoquer l'inspiration, Flaubert et son quasi-frère, Louis Bouilhet, ingurgitaient de pleines soupières de café noir, sans une parcelle de sucre. Ce traitement n'était pas de nature à calmer les nerfs[2] » ni, par conséquent, la maladie nerveuse, l'épilepsie, a-t-on dit, dont souffrait l'auteur de *Madame Bovary.*

« Pour faire de bon travail, ce n'est pas s'exciter qu'il faut, car toute excitation épuise, conclurons-nous avec Eugène Mouton[3] ; c'est s'équilibrer qui est nécessaire, parce que le maximum des forces intellectuelles ne peut être obtenu qu'à cette condition. »

* *
*

Le tabac, sous forme de poudre qu'on aspire par le nez, — opération qui, prétend le docteur Gubler[4],

---

1. Alexandre Schanne, *Souvenirs de Schaunard,* p. 52, 53 et 305 ; Paris, Charpentier, 1887.

2. Jules Levallois, *Mémoires d'un critique,* p. 30 ; Paris, Librairie illustrée, s. d.

3. *Ouvrage cité,* p. 181.

4. Dans Paul Labarthe, *Dictionnaire populaire de médecine usuelle,* art. Tabac. D'autre part, on lit, dans l'ouvrage de Spire Blondel, *Le Tabac, le Livre des fumeurs et des priseurs* (Paris, Laurens, 1891), p. 250 : « Le tabac à priser excite le cerveau dans une juste mesure... il irrite la membrane pituitaire tout juste assez pour entretenir un état fluxionnaire modéré... Mais le docteur Depierris dit qu'il fatigue le cerveau par son action narcotique, et détruit peu à peu l'odorat par son action irritante. »

rend plus actives les facultés cérébrales, — est, assure-t-on, d'un usage de moins en moins fréquent, et nul, j'imagine, ne regrettera la disparition de cette malpropre et malodorante pratique, que le pape Urbain VIII (1568-1644) et le sultan Amurat IV (1669-1757) s'efforcèrent tous les deux de combattre, l'un en excommuniant tous les fidèles qui prisaient durant les offices [1], l'autre, — moyen bien autrement radical, — en faisant couper le nez à tous les priseurs de la Perse.

Gœthe n'admettait pas « qu'un homme de génie puisse fumer [2] ».

Parmi les non-fumeurs nous trouvons, outre Gœthe, que nous venons de mentionner, Victor Hugo, Michelet, Sainte-Beuve [3], Alexandre Dumas père, Henri Heine, Barbey d'Aurevilly, Jules Claretie, Francisque Sarcey [4], Henri Rochefort [5], etc.

1. Que les temps sont changés ! Voici ce qu'on lit dans *le Figaro* du 17 août 1876 : « En Bretagne, dans une petite église, après le prône, le bedeau passe dans les rangs des fidèles, tenant un plat d'une main et, de l'autre, une tabatière ouverte. Il tend le plat à chaque assistant, et à celui qui y laisse tomber une pièce de monnaie quelconque, il offre immédiatement une prise. »

2. Paul Labarthe, *ouvrage et article cités*. Pour les noms suivants, dont quelques-uns nous ont été fournis par nos souvenirs personnels, voir Spire Blondel, *ouvrage cité*, p. 257 et suiv.

3. « Sainte-Beuve avait le plus grand soin de son cerveau, n'usant d'aucun excitant, ne prenant pas de café, ne fumant pas... » (Jules Troubat, *Souvenirs du dernier secrétaire de Sainte-Beuve*, p. 248.)

4. Voir un article de Sarcey contre le tabac dans le journal *Le Voleur*, 12 avril 1872, p. 236.

5. « Le goût du tabac m'est totalement inconnu, et j'ai

Au nombre des fumeurs, qui est bien plus élevé, on compte : Milton, Haller, Boerhaave, Crébillon le tragique [1], Walter Scott, Byron, Eugène Sue, Émile Augier, Ponsard, George Sand, Alfred de Musset[2], Mérimée, Théophile Gautier, Baudelaire, Gérard de Nerval, Gustave Flaubert, Caro, Octave Feuillet, Victorien Sardou, Aurélien Scholl, Alexandre Dumas fils [3], Théodore de Banville, Jules et Edmond de Goncourt, Henry Becque[4], Hippolyte Taine, Henry Maret, André Theuriet, François Coppée, Émile Zola, Alphonse Daudet, Jules Lemaître[5], etc.

Paul de Kock, de joyeuse mémoire, prisait, « reniflait du tabac [6] », en travaillant.

toujours eu le vin de Champagne en horreur. » (Lettre de Henri Rochefort, citée dans le catalogue de la librairie Victor Lemasle, juin 1917, p. 10.)

1. Crébillon, grand fumeur de pipes, au dire de Piron. (Cf. SAINTE-BEUVE, *Nouveaux Lundis*, t. VII, p. 440.)

2. « M. Alfred de Musset fume en écrivant. » (ALPHONSE KARR, *Les Guêpes*, novembre 1841, t. III, p. 162.)

3. Mais il cessa de fumer. « Dumas fils ne boit jamais de liqueurs, presque pas de vin et ne fume pas. » (*Revue encyclopédique Larousse*, 1895, p. 468.)

4. Henry Becque mit le feu chez lui en fumant dans son lit. (Cf. la *Revue bleue*, 18 juillet 1903, p. 70.)

5. Jules Lemaître « fumait énormément ». Son médecin lui interdit le tabac ; mais, « quand il se mettait à sa table de travail sans cigarette à la bouche, il ne pouvait aligner une seule phrase. L'acte de fumer lui était devenu indispensable pour écrire. Il prit un moyen terme qui fut de ne fumer qu'en écrivant. » (Dʳ FÉLIX REGNAULT, *Revue encyclopédique Larousse*, 1901, p. 1133.)

6. ALPHONSE KARR, *Les Guêpes*, novembre 1841, t. III, p. 162. A propos d'Alphonse Karr, relevons encore ce détail, que nous trouvons dans ses *Guêpes*, du mois de mai 1844 (t. V,

On sait que Napoléon Ier, qui ne fumait pas, a été un des plus forts priseurs de son temps : une poche de son gilet lui servait de tabatière, ce qui était bien plus expéditif; il remplissait cette poche de tabac, et n'avait qu'à puiser à même.

D'autres ont été à la fois fumeurs et priseurs, comme Bacon, Locke, Newton, Kant, etc.

Lamartine fumait « de petits cigares très doux ». Il prisait aussi : « prodiguant à ses habits et au sol le tabac à priser parfumé dont il avait toujours d'énormes provisions[1] ».

Et Balzac? Lamartine prétend que Balzac « avait les dents noircies par la fumée de cigare[2] », mais c'est là une erreur, une de ces inadvertances si fréquentes sous la plume de l'auteur de *Graziella*. « Balzac n'a jamais approché un cigare de sa bouche; il avait l'horreur du tabac[3] », et dans nombre de ses livres, notamment dans sa *Physiologie du cigare* (1831) et dans son *Traité des Excitants modernes* (1838), il condamne l'usage du tabac. « L'abus

---

p. 158) : A cette époque, il était défendu de fumer dans le jardin du Luxembourg : « On a eu raison, ajoute l'humoriste écrivain, d'édicter cette défense : les hommes qui fument ne doivent pas forcer les femmes et les hommes qui ne fument pas à aspirer les bouffées de leurs cigares... Mais pourquoi ne pas consacrer aux fumeurs une partie écartée du jardin? »

1. La *Revue mondiale*, 15 janvier 1920, p. 178, article signé Aimé Lafont.

2. LAMARTINE, *Cours de littérature*, 106e entretien, dans SPIRE BLONDEL, *ouvrage cité*, p. 257.

3. CHARLES MONSELET, *De A à Z, Portraits contemporains,* p. 168; Paris, Charpentier, 1888.

du cigare, nous dit-il encore[1], entretenait la paresse de Lousteau. Si le tabac endort le chagrin, il engourdit infailliblement l'énergie. »

Nous retrouvons cette même sentence dans nombre d'écrivains :

« Le tabac est plus nuisible qu'utile. Il change la pensée en rêverie... et trop de rêverie submerge et noie, » dit Victor Hugo[2].

« Le tabac engourdit l'activité, » confirme Barbey d'Aurevilly[3].

« Le tabac change en rêverie les projets virils, » selon Villiers de l'Isle-Adam[4].

Et Théodore de Banville, bien que figurant au nombre des fumeurs : « La cigarette, passe-temps meurtrier, désir cruel, inextinguible, et complètement inutile ».

Beaucoup de fumeurs ont dû, en avançant en âge et pour raison de santé, renoncer à leur chère habitude.

Octave Feuillet déclare, dans une lettre reproduite par Spire Blondel[6], qu'il a été contraint de cesser de fumer parce qu'il avait des accidents nerveux (vertiges stomacaux) qui se sont dissipés dès qu'il n'a plus fumé.

---

1. *Les Parisiens en province*, la Muse du département, p. 260 (Paris, Librairie nouvelle, 1857).
2. *Les Misérables*, dans Spire Blondel, *ouvrage cité*, p. 260.
3. Dans Spire Blondel, *ouvrage cité*, p. 264.
4. Id., *ibid.*
5. Id., *ibid.*
6. *Ouvrage cité*, p. 269.

De même Émile Augier à été forcé de renoncer au tabac, « qui le conduisait trop vite au bout du fossé[1] ».

De même Alexandre Dumas fils : le tabac lui donnait des vertiges, qui ont disparu lorsqu'il eut cessé de fumer. « Le tabac, ajoute-t-il, est, avec l'alcool, le plus redoutable adversaire de l'intelligence[2]. »

De même Émile Zola : menacé d'une maladie de cœur, il a cessé de fumer, vers 1880, sur les conseils de son médecin[3].

De même encore Edmond de Goncourt, à qui son médecin, vers 1881, a interdit l'usage du tabac[4].

L'action nocive du tabac sur le cerveau, les organes visuels, l'estomac, sur les voies respiratoires surtout et avant tout, n'est malheureusement que trop certaine, du moins pour tous ceux qui en pâtissent. Mais, en dehors de ces légitimes appréhensions, de ces motifs sanitaires si volontiers contestés ou superbement niés par les fumeurs, il y a une raison péremptoire pour détourner les travailleurs intellectuels de cette impérieuse habitude qui contraignait Flaubert de mettre la pipe à la bouche dès qu'il prenait la plume[5], c'est l'accès des bibliothèques publiques. Si vous avez des recherches à effec-

1. Dans SPIRE BLONDEL, *ouvrage cité*, p. 269.
2. ID., *ibid.*
3. ID., *ibid.*, p. 266.
4. ID., *ibid.*
5. George Sand, c'était la cigarette : « Elle ne pouvait écrire sans fumer », nous dit Spire Blondel (*Ouvrage cité*, p. 262).

tuer à la Nationale, à la Mazarine ou ailleurs, des ouvrages à compulser, des copiés à prendre dans ces établissements, pas moyen d'y fumer, et quelle gêne pour vous !

Et je ne vous dis rien de la malpropreté résultant de la cendre de cigarette ou de pipe répandue dans les livres et les papiers, du crachoir qui vous est peut-être nécessaire, et qui n'est certainement pas le plus bel ornement de votre studio.

En résumé, d'après Spire Blondel[1], qui a fait de cette question une étude spéciale :

« 1° Il est d'observation historique que les écrivains de grand génie (Gœthe, Victor Hugo, etc.) ne fument pas ; il semble même que leur nature d'exception ne puisse pas s'asservir au tabac ;

« 2° Parmi nos littérateurs de talent, beaucoup fument ; presque tous avouent en avoir souffert, et, même quand ils continuent de fumer, ils conseillent aux autres de ne pas les imiter. »

Remarquons encore que « les jeunes gens fument, même avec excès, sans être incommodés ; en vieillissant, dès que leur santé s'altère, ils cherchent à rompre avec cette habitude [2] ».

Mieux vaut donc ne pas la prendre.

*
* *

Aussitôt levé, avant de vous atteler à la besogne, — qu'il est toujours bon de faire précéder d'une

1. *Ouvrage cité*, p. 270.
2. ID., *ibid.*

courte lecture, — effectuez vos ablutions : rien de meilleur que l'eau froide pour vous éclaircir les idées et répandre en vous ce bien-être général, cette fraicheur d'esprit, cette vigueur physique et intellectuelle, si nécessaire à tous ceux qui mettent leur cerveau à la tâche.

Oui, une lecture d'une demi-heure, lecture de quelque chef-d'œuvre, d'un de vos favoris, est aussi agréable que salutaire avant le travail. Elle vous prépare à ce labeur, vous donne le ton et ouvre pour ainsi dire les sources de votre inspiration.

Il en est de la lecture d'un chef-d'œuvre comme de la contemplation d'une statue ou d'un tableau de grand maître : « ... Le génie et l'âme s'en ressentent : — J'en deviendrais meilleur, disait Gœthe, si j'avais sous les yeux la tête du Jupiter Olympien que les anciens ont tant admirée. [1] »

Que ce soit Horace ou Virgile, Montaigne ou Molière, Racine ou La Fontaine, peu importe ; mais faites votre petite lecture quotidienne, toute désintéressée, tout à fait en dehors de vos lectures obligées, relatives à l'œuvre que vous poursuivez ; — ayez votre « bréviaire ».

Beaucoup même ont fait ou font cette lecture à haute voix, trouvant dans la lecture à haute voix, — que le médecin romain Celse (Ier siècle av. J.-C.) classait parmi les exercices salutaires à la santé [2],

---

1. Dans Mme DE STAËL, *De l'Allemagne*, Partie II, chap. XXXII, p. 410 ; Paris, Charpentier, 1850.
2. Cf. LITTRÉ, *Médecine et Médecins*, p. 139.

— une sorte d'encouragement et de stimulant.

« Relire, chaque matin, même au besoin se réciter à haute voix certaines pages favorites d'auteurs classiques... Chaque matin, pendant une ou deux demi-heures, il faut commercer avec les modèles, afin de se tenir l'oreille et la main constamment habituées au son pur et au pur tour de la langue française » : tel est le conseil donné « à un journaliste » par J.-J. Weiss (1827-1895)[1].

Le poète et philosophe anglais Pope (1688-1744) « ne composait jamais rien d'intéressant sans être obligé de déclamer longtemps à haute voix, et de s'agiter en tous sens pour exciter sa verve », conte Xavier de Maistre, et il ajoute que lui-même il se mit à imiter Pope, à réciter tout haut les poésies d'Ossian, en se promenant à grands pas, et trouva la méthode bonne pour stimuler sa verve poétique[2].

Comme curieux exemple de « mise en train », on cite souvent, et nous-même avons déjà cité[3], le poète du Bartas (1544-1590), qui, pour se préparer à décrire le galop du cheval, qui

> Le champ plat bat, abat; destrape, grape, attrape
> Le vent qui va devant....

galopait et gambadait des heures entières dans sa chambre[4].

1. Dans l'*Intermédiaire des chercheurs et curieux*, 30 septembre 1897, col. 422-423.

2. Cf. XAVIER DE MAISTRE, *Expédition nocturne autour de ma chambre*, chap. VII, p. 118; Paris, Béchet, 1864.

3. Cf. ci-dessus, chap. III, p. 78.

4. Cf. SAINTE-BEUVE, *Tableau de la poésie française au*

L'ornithologiste Guéneau de Montbéliard (1720-1785) avait « l'habitude singulière de commencer presque toutes ses journées par un madrigal ou par une chanson », habitude qu'il conserva jusqu'à ses derniers instants [1].

Rappelons, en passant, que nous avons vu [2] le grand prédicateur Bourdaloue jouer toujours un air de violon pour stimuler sa verve, avant d'entreprendre la rédaction d'un de ses sermons, et le naturaliste Darwin faire de même, avant d'aborder sa tâche scientifique.

L'éloquent ministre de la Restauration, le vicomte Joseph Lainé (1767-1835), « avait coutume, avant d'aller à la Chambre, et quand il devait y parler, de faire quelque lecture qui lui illustrât l'esprit et lui donnât la noble émotion du beau. Un jour qu'il avait lu le second livre de l'*Énéide*, il lui arriva d'être interrompu par la droite, qu'il était obligé de combattre parce qu'elle votait alors comme la gauche : « Est-ce ma faute, à moi, dit-il tout d'un « coup, en désignant du geste les interrupteurs, si « je rencontre des Troyens sous l'habit des Grecs ? » Il avait lu le matin l'épisode de Corèbe et d'Androgée [3]. »

XVIe siècle, p. 101 et 397 (Paris, Charpentier, 1869) ; — et *Portraits littéraires*, t. II, p. 494 (Paris, Garnier, s. d., nouv. édit).

1. *Notice sur Guéneau de Montbéliard*, dans les *Morceaux choisis de Buffon... et de Guéneau de Montbéliard*, p. 304 ; Paris, Dezobry, 1848.

2. Cf. ci-dessus, chap. iii, p. 80.

3. Sainte-Beuve, *Étude sur Virgile*, p. 314 ; Paris, M. Lévy, 1870.

Dans une lettre à Balzac, Stendhal raconte qu'en composant *la Chartreuse de Parme*, « pour prendre le ton », il lisait chaque matin deux ou trois pages du *Code civil*, « afin d'être toujours naturel : je ne veux pas, par des moyens factices, fasciner l'âme du lecteur », ajoute-t-il [1].

Et voici ce qu'on lit, sur le même sujet, au début du roman de George Sand *François le Champi* [2] : « Raconte-moi l'histoire du *Champi*... — Je commence, mais auparavant, permets que, pour m'éclaircir la voix, je fasse quelques gammes. — Qu'est-ce à dire ? Je ne te savais pas chanteur. — C'est une métaphore. Avant de commencer un travail d'art, je crois qu'il faut se remettre en mémoire un thème quelconque qui puisse vous servir de type et faire entrer votre esprit dans la disposition voulue. Ainsi, pour me préparer à ce que tu me demandes, j'ai besoin de réciter l'*Histoire du chien de Brisquet*, qui est courte et que je sais par cœur... C'est un chef-d'œuvre », etc.

Les musiciens ont besoin de même de préluder et se mettre en train, et ne travaillent à leur aise que dans certaines conditions.

1. Lettre datée de Civita-Vecchia, le 30 octobre 1840 ; dans Albert Collignon, *l'Art et la Vie de Stendhal*, p. 44 (Paris, Germer-Baillière, 1868). — Eugène Mouton, dans son volume *l'Art d'écrire un livre* (p. 112), recommande aussi très sérieusement la lecture du *Code*, — auquel il ajoute « les circulaires ministérielles, les minutes des notaires et les avertissements du percepteur », pour y puiser « les préceptes de l'art d'écrire » et reconnaître « la majesté de l'esprit humain ». On croirait à une plaisanterie, mais non.

2. Pages 21-22 (Paris, M. Lévy, 1858).

Gluck (1714-1787) avait coutume de se placer au milieu d'un beau paysage, et là, un piano ouvert devant lui, une bouteille de champagne sous la main, il écrivit ses deux *Iphigénie*, son *Orphée*, etc. [1].

Cimarosa (1749-1801), pour composer, aimait à avoir beaucoup de monde autour de lui [2].

Cherubini (1760-1842) pareillement [3].

Zingarelli (1752-1837) dictait sa musique à ses élèves après avoir lu un passage des Pères de l'Église ou de quelque classique latin [4].

Etc., etc.

* *

Mieux encore que les ablutions ordinaires, les douches et les bains sont d'excellents stimulants pour « la machine littéraire », selon l'expression d'Eugène Mouton [5]. « Le bain, ajoute-t-il, est une source d'inspirations élevées, sereines; il donne à la pensée une sorte d'élan, et à l'imagination plus de vivacité. En régularisant la circulation et la chaleur animale, il rend aux tissus, notamment à ceux des nerfs et du cerveau, leur consistance normale, et, par l'endosmose, assouplit la peau, les vaisseaux capillaires et les nerfs qui en règlent la contraction : c'est ainsi qu'il « rafraîchit », comme on dit; — pourvu qu'il ne soit pas pris trop chaud, car, dans

1. Eugène Muller, *Curiosités historiques et littéraires*, p. 220.
2, 3, 4. *Même source*.
5. *Ouvrage cité*, p. 181.

ce cas, il congestionnerait au lieu de rafraîchir. Il est particulièrement salutaire pour les personnes nerveuses ou surmenées par un trop long travail de tête. »

« Une heure de bain vaut pour moi quatre heures de sommeil, » assurait Napoléon [1].

Quant à vos vêtements, ceux que vous portez lorsque vous êtes assis à votre table de travail, qu'ils soient plutôt amples et trop larges qu'étroits; qu'ils ne soient pas trop lourds et trop chauds; que votre cou se meuve librement, et que vos poignets n'aient rien qui les serre et les gêne; que rien, en un mot, n'entrave chez vous la circulation du sang et ne risque de vous congestionner. Que vos pieds aussi soient à l'aise dans vos pantoufles : ne travaillez pas chaussé de bottines, pas plus que vêtu de linge empesé.

Le froc monacal dont s'enveloppait Balzac me semble très pratique, à condition de le modifier durant les grosses chaleurs de l'été, de remplacer le drap par une étoffe plus légère.

Diderot travaillait volontiers en robe de chambre, et « le cou nu, débraillé [2] ». On connaît ses touchants adieux ou *Regrets à ma vieille robe de chambre*. Ajoutons qu'en travaillant Diderot « s'agitait, transpirait, gesticulait; il se promenait à pas pressés, et sa perruque jouait surtout un grand

1. Cf. Roger Peyre, *Napoléon Ier et son temps*, p. 337.
2. Sainte-Beuve, *Portraits littéraires*, t. I, p. 245; et Émile Deschanel, *Physiologie des écrivains et des artistes*, p. 185.

rôle. Il la jetait en l'air, il la ramassait, s'en cou-
vrait, la jetait encore ; il poussait des cris étouffés
et ressentait presque des attaques de nerfs. Un de
ses confrères le surprit un jour tout inondé de
larmes : « Mon Dieu ! lui dit-il, qu'avez-vous donc ?
— Je pleure d'un conte que je me fais », répondit
Diderot[1].

De même, Alexandre Dumas père fut trouvé
aussi les larmes aux yeux et presque sanglotant :
il venait de terminer le chapitre relatif à la mort
d'un de ses mousquetaires, de « tuer » le fameux
Porthos[2].

« Malheur au poète qui se fait friser tous les
jours ! lit-on dans Chamfort[3]. Pour faire de bonne
besogne, il faut être en bonnet de nuit et pouvoir
faire le tour de sa tête avec sa main. »

Quant à Buffon, qu'on se plaît à représenter écrivant en habit de cérémonie et en manchettes de
dentelle, il y a, on le sait, mais impossible de déra-
ciner cette fable, une singulière et amusante méprise à ce sujet : Buffon avait coutume d'écrire dans
les marges ou *manchettes* (terme typographique)
de son papier, et, jusqu'à la fin des siècles, on
répétera, malgré les protestations de son arrière-
petit-neveu Nadault de Buffon, que l'illustre naturaliste mettait de riches manchettes de dentelle

1 et 2. Casimir Bonjour, *Le Figaro*, supplément littéraire,
22 juin 1879 ; — et *Le Voleur*, 10 août 1841, p. 117.
3. *Œuvres choisies*, Portraits et Caractères, t. II, p. 13
(Paris, Jouaust, 1879).

avant de prendre la plume. Et c'est à peu près tout le contraire : Buffon, à Montbard, se levait de très bonne heure, et, « enveloppé d'une longue robe de chambre », presque en costume de nuit, il se dirigeait vers son cabinet de travail, à l'extrémité de ses jardins[1].

Pour composer le *Paradis perdu*, Milton « s'enveloppait d'un vieux manteau de laine[2] ».

« Été comme hiver, je travaille sans gilet et sans redingote, en pantalon à pieds, en pantoufles et en manches de chemise, nous apprend Alexandre Dumas père[3]. La seule différence que la succession des saisons amène dans mon costume est de changer l'étoffe de mon pantalon à pieds et de ma chemise. L'hiver, mon pantalon à pieds est de drap ; l'été, il est de basin ; l'hiver, ma chemise est de toile ; l'été, elle est de batiste. »

Catulle Mendès, pareillement, « n'est à l'aise que s'il est en bras de chemise. Été comme hiver, il enlève redingote, cravate, col et gilet, et reste en chemise de flanelle et en savates[4]. »

Alexandre Dumas fils, lui, « écrivit toujours en pantalon de zouave et en chemise de flanelle[5] ». C'est

1. Cf. *l'Intermédiaire des chercheurs et curieux*, 10 mai 1895, col. 502 ; — et LAROUSSE, *Grand Dictionnaire*, art. Buffon et Manchette.

2. Dr FÉLIX REGNAULT, *Revue encyclopédique Larousse*, 1901, p. 1133.

3. Dans FIRMIN MAILLARD, *La Cité des intellectuels*, p. 339.

4. Dr FÉLIX REGNAULT, *lieu cité*.

5. ID., *ibid*.

ainsi, en effet, qu'il a été maintes fois photographié dans son cabinet de travail.

« Le génie de Théophile Gautier exigeait une robe de chambre rouge et une calotte sur la tête ; celui de Coppée réclame toujours un veston rouge ; et celui de Sardou une calotte de velours noir, qu'il n'aban-donne sous aucun prétexte[1]. » Nous avons déjà vu Barbey d'Aurevilly écrire aussi en « maillot rouge, veste rouge, calotte dantesque[2] ».

*
* *

La vue, le bon état des yeux, est, pour tous les liseurs et travailleurs, pour tout le monde, d'une importance capitale. Nous en parlerons dans le chapitre suivant, à propos de l'heure la plus favorable au travail intellectuel. Voici, en attendant et comme conclusion de ce qui concerne « l'hygiène » physique et morale, un programme ou plan de conduite tracé par Alexandre Dumas fils, qui se rapporte à l'ensemble de notre sujet et ne laissera pas d'inté-resser le lecteur[3] :

« Marche deux heures tous les jours ; dors sept heures toutes les nuits ; couche-toi toujours seul dès que tu as envie de dormir ; lève-toi dès que tu t'éveilles ; travaille dès que tu es levé. Ne mange qu'à ta faim, ne bois qu'à ta soif, et toujours lente-ment.

1. Dr Félix Regnault, *lieu cité*.
2. *Supra,* chap. iii, p. 91.
3. Voir la *Revue encyclopédique Larousse,* 1895, p. 475.

« Ne parle que lorsqu'il le faut, et ne dis que la moitié de ce que tu penses ; n'écris que ce que tu peux signer ; ne fais que ce que tu peux dire. N'oublie jamais que les autres compteront sur toi, et que tu ne dois pas compter sur eux. N'estime l'argent ni plus ni moins qu'il ne vaut : c'est un bon serviteur et un mauvais maître.

« Garde-toi des femmes jusqu'à vingt ans, éloigne-toi d'elles après quarante ; ne crée pas sans bien savoir à quoi tu t'engages, et détruis le moins possible. Pardonne d'avance à tout le monde, pour plus de sûreté ; ne méprise pas les hommes, ne les hais pas davantage, et ne ris pas d'eux outre mesure, plains-les.

« Songe à la mort tous les matins, en revoyant la lumière, et tous les soirs en rentrant dans l'ombre [1]. Quand tu souffriras beaucoup, regarde ta douleur

---

1. Voilà un conseil tout à fait en désaccord avec le précepte de Spinoza (1632-1677) : « La chose du monde à laquelle un homme libre pense le moins, c'est la mort. La sagesse est une méditation, non pas de la mort, mais de la vie. » Telle est la règle posée par le célèbre penseur hollandais, « le père de la pensée moderne », comme on l'a surnommé. (Cf. ERNEST RENAN, *Nouvelles Études d'histoire religieuse*, Spinoza, p. 501 et 524.) Précepte que corrobore la maxime du moraliste Vauvenargues (1715-1747) : « Pour exécuter de grandes choses, il faut vivre comme si on ne devait jamais mourir ». (VAUVENARGUES, *Réflexions et Maximes*, 142, p. 248 ; Paris, Didot, 1858, in-18.) On connaît l'histoire de cette malheureuse femme qui avait tant de peine chaque soir à s'endormir, dans l'affreuse crainte qu'elle éprouvait de ne pouvoir se réveiller, ou, plus exactement, de se réveiller au milieu des flammes de l'enfer, selon la menace de Massillon : « Beaucoup d'appelés et peu d'élus ».

en face, elle te consolera elle-même et t'apprendra quelque chose. Efforce-toi d'être simple, de devenir utile, de rester libre, et attends pour nier Dieu que l'on t'ait bien prouvé qu'il n'existe pas. »

V

L'HEURE DU TRAVAIL
ENCORE LES MANIES DES ÉCRIVAINS
LA MÉMOIRE. — LE BRUIT

Quelle est l'heure la plus favorable pour le travail intellectuel, travail littéraire ou scientifique?

Nombre d'écrivains, à Paris principalement, préfèrent travailler le soir ou la nuit, et allèguent, pour justifier cette préférence, qu'on ne risque pas alors d'être dérangé par les visiteurs ou incommodé par le bruit ; que le calme et le silence, si propices au labeur de la pensée, règnent alors à peu près de toutes parts et vous environnent.

George Sand, qui, cependant, travaillait surtout dans sa solitude de Nohant, n'écrivait que la nuit, et toujours en fumant des cigarettes.

« ... Vous n'ignorez pas qu'elle retravaille à minuit jusqu'à quatre heures. Enfin, vous savez ce qui lui est arrivé. Quelque chose de monstrueux ! Un jour, elle finit un roman à une heure du matin, et elle en recommence un autre dans la nuit. La copie est une fonction chez Mme Sand. »

C'est cette mauvaise langue d'Edmond de Goncourt, à moins que ce ne soit celle de son frère Jules, qui nous conte ces détails[1].

Le savant Littré travaillait aussi la nuit ; mais ses recherches à travers les livres, celles notamment que nécessitaient ses travaux lexicologiques, il les faisait de jour :

« C'est de nuit que travaille habituellement M. Littré. Sa journée est occupée par les recherches, les devoirs académiques, les œuvres de charité médicale quand il est à la campagne. Vers six heures et demie du soir, après un frugal repas, il se met à l'ouvrage, et, depuis plusieurs années, notamment depuis 1859, il ne s'est jamais couché avant trois heures du matin[2]. »

De même, Henry Mürger (1822-1861), l'auteur des *Scènes de la Vie de bohème*, ne travaillait que la nuit, nous apprennent ses biographes, Champfleury[3] et Alexandre Schanne[4].

Mérimée également (1803-1870), « écrivait toujours la nuit ; aussi ne se levait-il guère qu'à midi[5] ».

1. *Journal des Goncourt*, année 1863, t. II, p. 146. — Voir aussi plus loin (p. 177), un renseignement fourni par Edmond Texier.

2. Sainte-Beuve, *Nouveaux Lundis*, t. V, p. 250.

3. *Souvenirs et Portraits de jeunesse*, p. 94 ; Paris, Dentu, 1872.

4. *Souvenirs de Schaunard*, p. 215 ; Paris, Charpentier, 1887.

5. Édouard Grenier, Souvenirs littéraires, *Revue bleue*, 13 mai 1893, p. 587.

Barthélemy Saint-Hilaire (1805-1895), le traducteur d'Aristote, « ne pouvait travailler aisément le jour qu'à condition de fermer ses volets et d'allumer sa lampe », de faire la nuit dans sa pièce [1]. Nous avons vu [2] Philarète Chasles (1799-1873) travailler dans les mêmes conditions.

Notre vieil historien Mézeray (1610-1683) avait la même manie : « Il s'était accoutumé, même en été, à fermer ses volets en plein midi et à travailler à la chandelle ; il reconduisait, lumière en main, les visiteurs jusqu'au grand jour [3] ».

H. de Balzac aussi aimait à travailler en plein jour, persiennes closes, « à la lumière de deux bougies [4] ». D'ordinaire, « après un frugal dîner, Balzac se couchait à six ou sept heures, se faisait réveiller à minuit, prenait du café noir, ou plutôt verdâtre, extrêmement fort, et travaillait jusqu'à midi [5] ».

En vrai disciple de Balzac, Paul Bourget avait, dans sa jeunesse, adopté la méthode et le régime du maître. Alors qu'il habitait « son modeste, mais correct appartement de la rue Guy-de-la-Brosse, d'où l'on voyait les arbres du Jardin des Plantes... Paul Bourget s'était soumis à un féroce régime de balza-

1. ÉMILE JAVAL, *Physiologie de la lecture et de l'écriture*, p. 178.
2. Cf. ci-dessus, chap. III, p. 92.
3. SAINTE-BEUVE, *Causeries du lundi*, t. VIII, p. 230.
4. *Le Radical*, 28 octobre 1895.
5. ÉMILE DESCHANEL, *Physiologie des écrivains et des artistes*, p. 171. — Voir aussi ALBÉRIC SECOND, *Le Tiroir aux Souvenirs*, p. 11 ; — et ce que nous avons dit de Balzac ci-dessus, p. 104.

cien : dîner de très bonne heure, se coucher aussitôt après, puis se faire réveiller sur le coup de
trois heures du matin, comme il est écrit dans le
poème d'*Edel* :

> Un, deux, trois. Oui, c'est bien trois heures. Dans la nuit,
> Qu'il est plaintif, ce cri de l'heure qui s'enfuit !
> J'ai, pour mieux l'écouter tinter, posé ma plume. .
> . . . .

« Le poète reclus avalait deux ou trois bols de
café noir, comme Balzac, et, comme Balzac, travaillait jusqu'à sept heures du matin. Là, il redormait
une heure, pour se lever ensuite définitivement, et
aller vaquer aux occupations mesquines et lucratives
qu'impose aux jeunes littérateurs la misère des
débuts [1]. »

Ajoutons que Napoléon Ier, — quoique nous ne
puissions guère le considérer comme un homme de
lettres, — se plaisait à travailler la nuit : « Il aimait
particulièrement le travail nocturne », nous dit son
biographe Tancrède Martel [2], qui cite à cet endroit
une anecdote empruntée aux *Mémoires* du ministre
des Finances Gaudin, duc de Gaëte : « Au lieu de se
rendre à un bal où il avait promis d'assister, Napoléon, différant d'heure en heure, passe la nuit
entière à travailler avec le ministre Gaudin ».

De même, le peintre Girodet, Girodet-Trioson
(1767-1824), — qu'on peut ranger, lui, parmi les écri-

---

1. ÉMILE GOUDEAU, *Dix ans de bohème*, p. 53; Paris, Librairie illustrée, s. d.

2. NAPOLÉON BONAPARTE, *Œuvres littéraires,* t. II, p. 265,
note 1; édit. Tancrède Martel (Paris, Savine, 1888).

vains, car il avait l'amour de la poésie au moins
autant que de la peinture, et a même composé un
poème en six chants, *le Peintre*, — était aussi « un
artiste de nuit. C'est la nuit surtout que la fièvre
inspiratrice s'emparait de lui. Alors, il se levait en
sursaut, il faisait placer dans son atelier des lustres
suspendus, il se coiffait lui-même d'un vaste chapeau
surmonté de bougies allumées, et c'est dans cet
attirail qu'il travaillait. *Le Déluge*, *Galatée* et plusieurs chefs-d'œuvre ont été composés à la lueur des
flambeaux [1]. »

* *

Beaucoup d'écrivains ne travaillent bien, ne composent à leur aise qu'en marchant. Nous avons déjà
vu Gœthe composer de cette façon [2]. La marche est,
en effet, un puissant stimulant cérébral. Jean-
Jacques Rousseau, le « promeneur solitaire », se
plaisait à travailler en marchant :

« La marche a quelque chose qui anime et avive
mes idées : je ne puis presque penser quand je reste
en place ; il faut que mon corps soit en branle
pour y mettre mon esprit. La vue de la campagne, la succession des aspects agréables, le
grand air, le grand appétit, la bonne santé que je
gagne en marchant..., tout cela dégage mon âme,

1. Casimir Bonjour, *Le Figaro*, Supplément littéraire,
2 juin 1879.
2. Cf. ci-dessus, p. 83.

me donne une plus grande audace de penser » [1], etc.

« ... Je destinai, comme j'avais toujours fait, mes matinées à la copie (de la musique), et mes après-dinées à la promenade, muni de mon petit livret blanc et de mon crayon : car n'ayant jamais pu écrire et penser à mon aise que *sub Dio*, je n'étais pas tenté de changer de méthode, et je comptais bien que la forêt de Montmorency, qui était presque à ma porte, serait désormais mon cabinet de travail [2]. »

Nous verrons plus loin d'autres écrivains : Casimir Bonjour, Jouy, Parseval-Grandmaison, Proudhon, Victor Hugo, Mistral, Ampère, etc., ne composer aussi qu'en marchant et se démenant, ayant besoin de mouvement pour se stimuler.

Quant à Jean-Jacques, pour revenir à lui, il ne travaillait pas seulement en se promenant, il travaillait et composait fréquemment étant couché, durant ses insomnies :

« Je n'ai jamais pu rien faire la plume à la main vis-à-vis d'une table et de mon papier ; c'est à la promenade, au milieu des rochers et des bois ; c'est la nuit, dans mon lit et durant mes insomnies, que j'écris dans mon cerveau : l'on peut juger avec quelle lenteur, surtout pour un homme absolument dépourvu de mémoire verbale et qui, de la vie, n'a pu retenir six vers par cœur [3]. »

1. J.-J. Rousseau, *Les Confessions*, I, 4 ; *Œuvres complètes*, t. V, p. 427 ; Paris, Hachette, 1864.
2. Id., *ouvrage cité*, II, 9 ; t. VI, p. 3.
3. Id., *ouvrage cité*, I, 3 ; t. V, p. 392.

« ... Je travaillai ce discours [le *Discours sur le progrès (ou rétablissement) des sciences et des arts...*] d'une façon bien singulière, et que j'ai presque toujours suivie dans mes autres ouvrages. Je lui consacrais les insomnies de mes nuits. Je méditais dans mon lit à yeux fermés, et je tournais et retournais mes périodes dans ma tête avec des peines incroyables ; puis, quand j'étais parvenu à en être content, je les déposais dans ma mémoire jusqu'à ce que je pusse les mettre sur le papier ; mais le temps de me lever et de m'habiller me faisait tout perdre, et, quand je m'étais mis à mon papier, il ne me venait presque plus rien de ce que j'avais composé. Je m'avisai de prendre pour secrétaire Mme Le Vasseur. Je l'avais logée avec sa fille et son mari plus près de moi ; et c'était elle qui, pour m'épargner un domestique, venait tous les matins allumer mon feu et faire mon petit service. A son arrivée, je lui dictais de mon lit mon travail de la nuit ; et cette pratique, que j'ai longtemps suivie, m'a sauvé bien des oublis [1]. »

Cette méthode de travail — travail « de tête », sans rien écrire — a été employée par quelques poètes, des auteurs dramatiques surtout.

Crébillon père (1674-1762), dont la mémoire était prodigieuse, ne mettait ses vers sur le papier qu'au moment de donner sa pièce au théâtre [2].

Piron (1689-1773) « faisait toutes ses tragédies de

---

1. J.-J. Rousseau, *ouvrage cité*, H, 8 ; t. V, p. 561-562.
2. Cf. Larousse, *Grand Dictionnaire.*

tête, et les récitait de mémoire aux comédiens[1] ».

Fontanes (1757-1821), « en composant, n'écrivait jamais ; il attendait que l'œuvre poétique fût achevée et parachevée dans sa tête, et encore il la retenait ainsi en perfection sans la confier au papier. Ses brouillons, quand il s'y décidait, restaient informes, et ce qu'on a de manuscrits n'est le plus souvent qu'une dictée faite par lui à des amis, et sur leur instante prière ; plusieurs de ses ouvrages n'ont jamais été écrits de sa main[2]. »

Casimir Delavigne (1793-1843) : « ce poète si exact, si lettré, si peu homérique, composait de tête, refaisait des scènes entières de mémoire, et l'on dit qu'il a emporté ainsi en mourant une tragédie à peu près terminée[3] ».

Un autre Casimir, également auteur dramatique, Casimir Bonjour (1795-1856), composait aussi de tête, en se promenant. « Je suis de ceux qui ne trouvent point d'idées dans leur écriture, et dont la vue d'une plume paralyse l'intelligence », nous avoue-t-il dans un exposé de sa méthode de travail, que nous reproduisons à peu près intégralement, vu son importance[4]. « Je travaille partout, excepté dans mon cabinet. Quand j'étais commis au Trésor, je m'échappais du bureau pendant la séance, et j'allais, sans chapeau, composer sous les arbres du

---

1. SAINTE-BEUVE, *Nouveaux Lundis*, t. X, p. 61.
2. ID., *Portraits littéraires*, t. II, p. 275.
3. ID., *Nouveaux Lundis*, t. X, p. 61.
4. Cf. *Le Figaro*, supplément littéraire, 22 juin 1879.

Palais-Royal. ... Ce que je faisais jadis au Palais-Royal, je le fais ailleurs aujourd'hui. Je compose dans les rues, dans les places, au milieu du mouvement des fêtes publiques. Loin de me glacer, cette agitation extérieure me plaît, et le bruit de la foule m'anime sans me distraire.

« Une circonstance me rend cette habitude aisée ; *je n'écris jamais, je confie tout à ma mémoire*, et, si je fais des corrections, je pourrais successivement indiquer toutes les variantes.

« Ce n'est pas tout.

« Quand je compose cinq actes, j'élabore mes cinq actes à la fois, et même chacune des parties de mes cinq actes. Pour agir ainsi, voici mes raisons. Les dispositions de l'esprit sont capricieuses et complètement indépendantes de notre volonté. Si un auteur commence par la première scène et qu'il arrive par ordré à la dernière, il travaille souvent sans être prêt. Il est gai lorsqu'il lui faut des détails sérieux, sérieux lorsqu'il lui en faut de gais. Mon système prévient ce danger. Je porte dans ma tête mon plan général et mes plans partiels, je me promène en y pensant, j'évoque successivement à ma mémoire chaque acte, chaque scène, et *je m'occupe du détail pour lequel je me sens inspiré.*

« J'ai assez souvent débuté par le dernier acte et fini par le premier. Cette méthode est très avantageuse, mais très fatigante. Qu'on se figure un ouvrage fort long, partout commencé et achevé nulle part ; ici un hémistiche suspendu, là une rime blanche, et plus loin un récit à moitié fait. Il faut se rappeler ce salmigondis et coordonner ce désordre. J'y suis parvenu, j'ai suffi à ce travail bizarre, et j'y ai suffi *sans recourir au papier.*

« Je me présente un jour au comité de lecture du Théâtre-Français, et les vingt comédiens qui le composent me demandent où est mon manuscrit.

« Je n'en ai point.

— Et pourquoi donc nous avez-vous réunis ?

— Soyez tranquilles, la séance ne sera pas perdue. »

« Et je leur récitai mes cinq actes. On n'imagine pas leur étonnement. Ils prétendirent qu'*il n'y avait pas d'exemple de ce tour de force* ; mais le vieux Lemazurier, leur secrétaire, trouva dans les registres que cela était arrivé une fois à Crébillon. »

 ᛫᛫

Ces divers exemples de travail « de tête » nous amènent à dire quelques mots tout au moins de LA MÉMOIRE, cette faculté si nécessaire à tous les travailleurs : — Mnémosyne, la *Mère des Muses,* comme l'appelaient les Anciens[1] ; — le « Trésor de l'esprit », selon le mot de Cicéron[2] ; — la *Caisse*

---

1. Cf. PLUTARQUE, *Œuvres morales* : Comment il faut élever les enfants, t. VIII, p. 27 ; trad. Amyot (Paris, Bastien, 1784).

2. *De Oratore,* 27. Voir aussi le cardinal MAURY, *Essai sur l'éloquence de la chaire,* chapitre 77. De la mémoire, p. 419-423 (Paris, Didot, 1877). Maury est d'avis qu' « il faut... assujettir les prédicateurs à la loi d'*apprendre par cœur* tous les

d'épargne de l'intelligence, a-t-on dit aussi ; — la mémoire, que Locke comparait si justement à une table d'airain sur laquelle les caractères gravés s'effacent insensiblement, si l'on n'y repasse pas le burin de temps à autre [1].

Comme si cette table d'airain avait été trop burinée avec le temps, trop chargée, on constate que la mémoire des vieillards est bien moins fidèle et moins vivace, bien plus courte et plus précaire que celle des enfants et des adolescents. C'est à partir de la cinquantaine environ que cette déperdition ou déchéance commence à se manifester, et elle va toujours en s'accentuant, du moins pour les faits récents ; car il est à remarquer que nombre de septuagénaires, qui oublient ce qu'ils ont lu la veille ou ce qu'on leur a dit le matin, gardent un très persistant et toujours frais souvenir de maintes circonstances de leurs jeunes années.

La mémoire, comme tout art et toute science humaine, se perfectionne par l'étude et la pratique, mais, bien entendu, jusqu'à un certain âge seulement, jusqu'aux approches de la vieillesse.

D'autre part, il est, dans les livres, les lectures,

discours qu'ils prononcent dans les chaires chrétiennes », comme faisaient Bourdaloue et Massillon, « nés l'un et l'autre avec une mémoire ingrate ».

1. Cf. Helvétius, *De l'esprit*, III, 3 ; t. I, p. 404 ; Paris, Chasseriau, 1822.

dés choses qui se retiennent plus aisément que d'autres : les vers, par exemple, à cause du rythme et de la rime, s'apprennent plus facilement que la prose ; et cela se comprend : le nombre régulier de syllabes, la cadence du vers, vous aide à retenir ce vers et ceux qui l'accompagnent ; la rime, à son tour, vous annonce la terminaison du vers suivant : *ombre, sombre ; hommes, nous sommes* ; etc.

C'est ce qui fait que des professeurs se sont évertués à mettre en vers tout ou partie de leur enseignement. L'abbé Le Ragois (....-1683) a versifié toute l'histoire de France :

> Louis onze, cruel et rusé politique,
> Éteint des grands vassaux le pouvoir tyrannique.

> Charles huit entre à Naple et la quitte soudain,
> Et ce trône changea cinq fois de souverain.

Etc., etc.[1].

Tout le monde connaît ce quatrain, ressassé par tous les écoliers :

> Le carré de l'hypothénuse
> Est égal, si je ne m'abuse,
> Aux carrés que l'on aura faits
> Sur les deux autres côtés.

Parmi les plus curieux spécimens de mémoires prodigieuses, on cite le célèbre publiciste hollan-

---

1. Cf. Guyot-Daubès, *L'Art d'aider la mémoire*, p. 114. (Paris, Bibliothèque d'éducation attrayante, 1890, in-18, 252 p.). On trouve dans cet ouvrage quantité d'autres moyens mnémoniques appliqués à l'histoire, la géographie, la mythologie, l'arithmétique, la chimie, etc. Ces moyens sont d'ordinaire plus curieux et étranges que pratiques.

dais Grotius (1583-1645), qui, à une revue de troupes, ayant entendu faire l'appel de tous les soldats présents, réussit à redire aussitôt tous ces noms à rebours, en commençant par le dernier appelé et finissant par le premier [1].

Le chancelier d'Aguesseau (1668-1751), récita un jour à Boileau toute une épître ou satire que celui-ci venait de lui lire : « Je la connaissais déjà ! » Boileau, stupéfait, se fâcha presque ; « puis, quand il vit que ce n'était qu'un prodige de mémoire, il admira [2] ».

De même, le poète fabuliste et dramaturge La Motte-Houdar (1672-1731) : comme Voltaire, alors à ses débuts, venait de lui lire, en présence d'un nombreux auditoire, une tragédie de sa composition : « Elle est très belle, votre tragédie, et je lui prédis grand succès, déclara La Motte ; mais je vois avec peine, jeune homme, que vous donnez dans le *plagiarisme*. Ainsi la seconde scène du quatrième acte, je l'avais déjà entendue au théâtre, et je me suis même fait un plaisir de l'apprendre par cœur. » Voltaire de protester aussitôt et de s'emporter comme un beau diable. « Je vais vous la réciter », interrompit La Motte, qui, en effet, la récita sur-le-champ tout entière, puis ajouta : « Remettez-vous, monsieur ; la scène en question est bien de vous, ainsi que tout le reste ; mais elle

1. Cf. Grimm, *Correspondance*, janvier 1779, t. II, p. 404 ; Paris, Buisson, 1812.
2. Sainte-Beuve, *Causeries du lundi*, t. III, p. 409.

.m'a paru si belle et si touchante que je n'ai pu m'empêcher de la retenir[1]. »

Ajoutons à ces noms les quatre suivants, mentionnés par François Fertiault dans ses *Amoureux du livre* (p. 344) :

Hugues Doneau (1507-1591), jurisconsulte calviniste de Chalon-sur-Saône, « qui savait par cœur tout le corps du *Droit* » ;

Joseph Scaliger (1540-1609), « qui apprit en vingt et un jours l'*Iliade* et l'*Odyssée* » ;

Chrétien Chemnitius (peut-être faut-il lire : Martin Chemnitzius : 1522-1586, théologien protestant), « qui savait si bien la *Bible*, qu'il citait le chapitre ou le verset où se trouvait le passage ou le nom propre qu'on lui proposait » ;

Nicolas Bourbon le Jeune (1574-1644), « qui récitait l'*Histoire* de M. de Thou et les *Éloges* de Paul Jove ».

Un autre, Restif de la Bretonne (1734-1806), qui n'était jamais court d'exagérations ni d'illusions, assurait qu'il lui suffisait « de lire un volume une fois pour le réciter par cœur[2] ».

Le critique Villemain (1790-1870) était, au dire d'Alphonse Karr[3], doué d'une mémoire « prodigieuse ». A cinquante ans et plus, il se rappelait encore des passages de Tacite, des passages

1. EDMOND GUÉRARD, *Dictionnaire encyclopédique d'anecdotes*, t. II, p. 83.
2. *Mes Inscriptions*, journal intime de Restif de la Bretonne, préface par PAUL COTTIN, p. lxxxiij ; Paris, Plon, 1889.
3. *Les Guêpes*, janvier 1845, t. V, p. 286.

« obscurs et ignorés, et en récitait deux cents lignes de suite sans hésiter une seule fois. Il avait de même retenu jusqu'à de longs passages des Pères de l'Église les moins connus. »

Dans son *Dictionnaire historique et pittoresque du Théâtre* (Paris, Didot, 1885), l'érudit musicographe Arthur Pougin (1834-1921) a rassemblé (p. 512-513) d'intéressantes remarques sur la mémoire des acteurs et des actrices. En général, écrit-il, « les femmes sont imperturbables sous le rapport de la mémoire », et se démâtent ou s'embrouillent bien plus rarement que les hommes. Une actrice du dix-huitième siècle, Mlle Faniez (1745-1821), qui jouait dans la *Métromanie* le personnage d'une soubrette, se trouve manquer de mémoire après ce vers :

> Et je prétends si bien représenter l'idole...

Sans se troubler, elle en forge aussitôt un autre, et dit :

> Mais j'aurai plus tôt fait de regarder mon rôle.

Et elle tire alors tout naturellement son rôle de sa poche, et, prenant ainsi le temps de se rafraîchir la mémoire, elle achève sa tirade sans broncher.

L'acteur Leroux, de la Comédie-Française (1819-1874), « qui, de sa vie, n'avait pu se graver un rôle dans la tête », avait souvent des absences de mémoire, et alors il achevait ses vers par une suite de mots dénués de sens, mais contenant le même nombre de syllabes que le vers l'exigeait :

> Vaincu, persécuté... *tati, tatou, tata.*

Et cela passait sans que le public, paraît-il, s'en aperçût... ou du moins protestât.

Ajoutons, toujours d'après le *Dictionnaire* d'Arthur Pougin, que chaque comédien de province « s'oblige, par une clause de son engagement, à apprendre cinquante lignes par jour, et que ce nombre peut être doublé au besoin. Or, comme tandis qu'on apprend un rôle on en répète souvent un autre et qu'on en joue un troisième, il faut convenir que les efforts de mémoire ne sont pas peu de chose pour un acteur chargé d'un emploi important. »

La mémoire est, d'ailleurs, chose inégale. Certains comédiens apprennent avec une facilité surprenante ; d'autres sont obligés à un travail opiniâtre.

Jouy, l'auteur de *Sylla* et de *l'Ermite de la Chaussée d'Antin* (1764-1846), qui, lui aussi, composait en marchant, — en se promenant dans une allée de son parc, aux deux extrémités de laquelle se trouvait un banc, et, sur chaque banc, un crayon et du papier, pour noter aussitôt les rimes qui lui venaient, tant il avait peur de les laisser perdre : il y avait le banc de la première rime et le banc de la seconde, — Jouy manquait totalement de mémoire, du moins pour ce qui le concernait.

Il savait par cœur quantité de poètes, principale-

ment Voltaire, mais il oubliait ses vers à mesure
qu'il les faisait. On raconte qu' « un jour, chez
Mlle Contat, le vaudevilliste Chazet chanta devant
Jouy une chanson en dix-huit couplets, de la composition de Jouy lui-même, et ce père dénaturé ne
reconnut pas ses enfants ! Il loua successivement et
gravement tous les couplets, comme s'ils n'étaient
pas de lui ; et Mlle Contat lui dit, au milieu des
éclats de rire universels : « Grosse bête ! vous ne
savez donc pas que cette charmante chanson est de
vous [1] ? »

Le poète Parseval-Grandmaison (1759-1834), le
chantre de *Philippe-Auguste*, versifiait aussi en se
promenant, « mais il lui fallait, à lui, les plus rudes
promenades, et c'est seulement quand son corps
était bien las, que ses idées devenaient bien fraîches.
Un jour qu'il était sorti pour aller dîner chez un
confrère, une pensée poétique l'assaillit en route. Il
passa en conséquence devant la maison de son
ami sans la voir, se dirigea machinalement vers les
Tuileries, et fit des vers jusqu'à la nuit close, c'est-
à-dire jusqu'à neuf heures du soir. Alors, il rentra
chez lui bien fatigué et se coucha. A peine endormi,
il se réveilla avec des tiraillements d'estomac.

« Allons, dit-il avec humeur, voilà ma diable de
gastrite qui me reprend ! »

Et il sonne sa gouvernante.

« Julie, du thé ! vite, du thé ! »

1. Cf. CASIMIR BONJOUR, *Le Figaro*, supplément littéraire,
22 juin 1879 ; — et *Le Voleur*, 10 août 1841, p. 117.

Mais plus il buvait de thé, plus il sentait de tiraillements.

Après quelques heures de ce manège :

« Vous avez donc bien diné ? lui demanda sa domestique. Qu'avez-vous mangé ?

— Je n'en sais rien... Mais où ai-je donc diné ?

— Chez M. Lacretelle.

— Non, je n'ai pas diné chez Lacretelle.

— C'est pourtant lui qui vous a invité !

— Je n'ai pas diné chez Lacretelle... Mais peut-être que je n'ai pas diné.... »

En effet, il soupa à quatre heures du matin, et la gastrite disparut [1].

Comme Jean-Jacques, comme Gœthe et tant d'autres, le grand polémiste et maître écrivain Pierre-Joseph Proudhon (1809-1865) aimait à composer en marchant : « Chez moi, les jambes font aller la tête ; si bien que, quand j'écris, ce n'est plus que de souvenir [2]. »

Victor Hugo « marche en faisant ses vers [3] ». Dans la fièvre de la composition, Victor Hugo « marchait en ronchonnant », dans son cabinet de travail, où « il écrivait debout, jetant par terre les feuillets [4] ».

Au fur et à mesure qu'il écrivait, et dès qu'il avait

1. *Le Voleur*, 10 août 1841, p. 117-118.
2. P.-J. Proudhon, *Correspondance*, t. XIV, p. 182 ; lettre à Michelet, 9 avril 1855.
3. Alphonse Karr, *Les Guêpes*, novembre 1841 t. III, p. 162.
4. Dr Félix Regnault, *Revue encyclopédique Larousse*, 1901, p. 1133.

achevé une phrase, Gustave Flaubert quittait sa
table pour relire cette phrase à haute voix, la déclamer « en arpentant à grands pas son cabinet....
C'est ce qu'il appelait faire passer la phrase par son
gueuloir. Il retournait ensuite à sa table, corrigeait
ce qui avait choqué son oreille dans la musique des
mots, et recommençait une autre phrase, toujours
torturé, toujours gémissant[1]. »

« Mes poèmes, dit Mistral, je les ai tous composés en cheminant. Je n'ai jamais fait de vers étant
assis. Je crois que le balancement du corps est
favorable à faire naître le rythme des idées. En effet,
chez les hommes forts et bien constitués, « la marche
éveille les idées en stimulant le cœur qui envoie
au cerveau une plus grande quantité de sang[2]. »

Pour Ampère, écrit encore le docteur Félix Regnault[3], la marche était une nécessité. Il ne pouvait expliquer nettement ce qu'il savait le mieux, si
le mouvement du corps ne lui venait en aide. Ses
éminentes facultés, sa verve, s'éteignaient dès qu'il
s'asseyait devant un bureau.

« Être assis devant une table, une plume à la
main, écrit-il, c'est le plus pénible, le plus rude des
métiers. »

Catulle Mendès se promène de long en large
dans son cabinet de travail, puis vient écrire à son
bureau[4].

1. *Lectures pour tous*, novembre 1901, p. 123.
2 et 3. Dr Félix Regnault, *lieu cité*, même page.
4. Id., *ibid*.

Le docteur Félix Regnault, à qui j'ai recours si fréquemment ici, fait encore cette remarque, contre-partie de celle qui concerne les écrivains robustes, dont la marche et les exercices physiques stimulent les facultés cérébrales : « A l'opposé, les écrivains de constitution débile ou minces et fluets répugnent à tout exercice. Leur cœur doit être ménagé, et sa distance au cerveau est trop grande pour qu'il puisse y lancer le sang avec efficacité. Ils ne peuvent penser en marchant, car c'est pour eux une fatigue qui arrête leurs idées. Posez-leur brusquement une question en les abordant dans la rue, ils ne pourront y répondre de suite, mais devront s'arrêter pour se reprendre.

Chez de tels êtres, la fièvre du génie ne peut exister que dans le repos corporel, et encore un repos spécial. Ils s'étendent la tête basse, de façon que le cerveau et le cœur soient au même niveau : ainsi l'ondée sanguine arrive sans obstacle au cerveau. »

C'est ce qui explique pourquoi nombre d'écrivains dont nous avons cité les noms (Cujas, Descartes, Leibniz, Thomson, Thomas, Picard, Étienne, etc.) travaillaient plus volontiers étant couchés que debout ou assis.

C'est aussi pourquoi d'autres, comme Schiller et Chateaubriand, usant de moyens violents, se refroidissaient les pieds, se les glaçaient, pour faire monter le sang à leur cerveau ; et que d'autres, comme Bossuet et Jean-Jacques, s'échauffaient la tête au moyen de linges chauds ou d'exposition au soleil, ainsi que nous l'avons vu[1].

Si Voltaire possédait, dans son cabinet de travail, autant de pupitres qu'il avait d'œuvres en train[2], le naturaliste Cuvier occupait, lui, autant de cabinets qu'il avait d'ouvrages sur le chantier : chez lui « chaque heure avait son travail marqué ; chaque travail *avait un cabinet qui lui était destiné*, et dans lequel se trouvait tout ce qui se rapportait à ce travail : livres, dessins, objets. Tout était préparé, prévu, pour qu'aucune cause extérieure ne vînt arrêter, retarder l'esprit dans le cours de ses méditations et de ses recherches[3]. » Pour peu qu'un adepte de cet ingénieux et très commode système eût une quinzaine d'œuvres en préparation, on voit quel spacieux appartement lui serait nécessaire.

On pourrait rapprocher cette façon de procéder de celle de Napoléon Ier, qui « comparait lui-même sa tête à une armoire où chaque affaire était casée à sa place. « Quand je veux interrompre une affaire, « disait-il, je ferme mon (son ?) tiroir et j'ouvre « celui d'une autre ; elles ne se mêlent point l'une « avec l'autre et jamais ne me gênent ni ne me « fatiguent. Veux-je dormir, je ferme tous les tiroirs, « et me voilà au sommeil. » En effet, Napoléon dormait où et quand il voulait[4]. »

1. Cf. Dr Félix Regnault, *lieu cité*, p. 1135.
2. Cf. ci-dessus, p. 79.
3. Flourens, *Éloge de Georges Cuvier*, dans Staaff, *La Littérature française*, t. II, p. 663-664.
4. Roger Peyre, *Napoléon Ier*, p. 336. Voir, sur Napoléon Ier,

On cite encore, comme curiosité, la façon de travailler du docteur anglais et savant linguiste John Masson (ou Masin) Good (1764-1827), qui, tout en faisant ses visites médicales et parcourant les rues de Londres, trouva le moyen de traduire, dans le fond de sa voiture, le *De rerum natura* de Lucrèce[1].

Nous avons vu[2] le chancelier d'Aguesseau utiliser ses attentes dans sa salle à manger, où on l'appelait toujours trop tôt à l'heure des repas, en écrivant un volume, « l'OEuvre des avant-dîners ».

***

Le bruit a presque toujours été la terreur des travailleurs : je dis *presque*, parce qu'on en compte quelques-uns qui font exception à cette règle, déjà formulée, il y a près de vingt siècles, par Ovide, et appliquée particulièrement aux poètes :

Carmina secessum scribentis et otia quaerunt[3].

Au nombre de ces exceptions on cite :

Mme de Staël, qui aimait avant tout la conversation et qu'on ne dérangeait jamais quand elle écrivait[4] ;

« qui aimait particulièrement le travail nocturne », ce que nous avons dit précédemment, p. 126.

1. Cf. Guyot-Daubès, *La Méthode dans l'étude*, p. 179.
2. Cf. ci-dessus, p. 14-15.
3. Ovide, *Les Tristes*, I, i, 41.
4. « Un jour, vers 1816, M. Molé, entrant chez elle (Mme de Staël), la trouvait occupée à écrire : « Je vous dérange, lui dit-il, vous êtes au travail. — Oh ! non pas, dit-elle, vous n'êtes pas un ennuyeux, et loin de là ; mais sachez bien que même

Le noctambule Gérard de Nerval (1808-1855) écrivant un roman au milieu de la tabagie d'un restaurant des Halles [1] ;

Théophile Gautier, à qui il fallait aussi du mouvement autour de lui : « Je ne travaille bien que dans le sabbat, au lieu que... la solitude m'attriste [2] » ;

Paul Arène (1844-1896), « qui ne pouvait rien écrire qu'au café [3] » ;

Verlaine (1844-1896), « qui aimait pareillement le tumulte des cafés [4] » ;

Le chroniqueur Timothée Trimm (Léo Lespès : 1815-1875), qui fut si célèbre à certaine époque de sa vie, qui eut sa minute de gloire, se plaisait, lui aussi, à faire sa *copie* au café, sur une table de terrasse principalement, pour se faire bien voir des passants, et, avant de prendre la plume, « il demandait un seau de glace et y plongeait la main gauche [5] ». Pourquoi ? Peut-être uniquement pour « épater le public ».

un ennuyeux qui entre, quand je suis seule, est toujours le bienvenu, et me fait toujours plaisir, et cela, quand je serais au moment le plus intéressant de mon travail. » (Sainte-Beuve, *Châteaubriand et son groupe littéraire*, t. I, p. 70, note 1.) Voilà qui ne ressemble guère à la sentence du vicomte de Bonald sur les gens oisifs « qui ne savent pas perdre leur temps tout seuls et sont le fléau des gens occupés », ni à l'avertissement de Nestor Roqueplan et du journal *Le Matin*, cités dans notre chapitre sur « l'Ordre » (p. 13-14.

1. Cf. Jules Levallois, *Mémoires d'un critique*, p. 104.
2. Cf. Goncourt, *Journal*, 1862, t. II, p. 12 ; — et ci-dessus, p. 89.
3. Maurice Dreyfous, *Ce qu'il me reste à dire*, p. 246.
4. Dr Félix Regnault, *Revue universelle Larousse*, 1901, p. 1134.
5. Georges Duval, *Mémoires d'un Parisien*, I, p. 201.

Au seizième siècle, tout étudiant parisien avait le droit de faire expulser de sa demeure les locataires qui faisaient du bruit [1].

Gœthe nous a avoué lui-même qu'il ne pouvait travailler « que dans une solitude absolue [2] ».

Il en devait être de même de Schopenhauer, qui était très sensible au bruit, et particulièrement aux claquements de fouet des cochers et voituriers. « Cette sensibilité, écrit-il non sans orgueil, est un des nombreux malheurs qui font escompter le privilège du génie [3]. »

Mais comment remédier au bruit, comment éviter cette gêne ? Les Américains et les Anglais l'ont essayé. Des ligues se sont fondées, il y a quelques années, à New-York et dans d'autres villes des États-Unis, aussi bien qu'à Londres, à Birmingham et ailleurs, « pour la suppression des bruits non indispensables ». Ces ligues ont fait modifier les règlements de la navigation qui imposaient des coups de sifflet et de sirène aussi innombrables qu'inutiles. « Elles ont obtenu des pouvoirs publics la faculté d'établir des « zones de silence » autour des églises, des écoles, des hôpitaux. Dans les quartiers où se trouvent ces établissements, des

1. Cf. Philarète Chasles, *Études sur le XVIe siècle en France*, p. 319 ; Paris, Amyot, s. d.
2. Cf. ci-dessus, p. 83.
3. Cf. Cesare Lombroso, *L'Homme de génie*, p. 128.

plaques très visibles sont clouées au coin des rues,
où on lit ces mots en grosses lettres : *Au pas* ; ou
encore : *Pas de son de trompe.* Des inspecteurs,
salariés par les ligues, montent la garde autour des
zones de silence et peuvent déférer les délinquants
à la police. En outre, dans toutes les agences de
location de ces grandes villes, les ligues ont déposé
des listes de propriétaires dont les maisons
observent les statuts de l'association. Dans ces
maisons, tous les bruits inutiles et incommodes pour
le voisin : coups de marteau, exercices de piano,
jeux d'enfants, etc., sont interdits, du moins en
dehors d'heures déterminées. Des *Guides* de
Londres et de New-York sont édités, où l'on marque
d'un signe conventionnel les hôtels et pensions où
le silence est respecté. Plusieurs villes anglaises,
Birmingham notamment, ont, sous l'influence de
ces ligues, remplacé, dans toutes leurs rues, les
pavés de pierre par les pavés de bois, par l'asphalte
ou par le cuir : à Londres, on pave même en caout-
chouc [1]. »

Mais, ainsi que nous venons de le voir, ce ne sont
pas seulement les bruits venant de la rue qui nous
incommodent, ce sont surtout ceux qui proviennent
des maisons, de la maison que nous occupons, et
qui, le plus souvent, nous arrivent par suite du peu
d'épaisseur des cloisons et des plafonds.

Outre les aboiements de chiens et les cris de

1. *Journal de la Jeunesse,* 31 janvier 1914, supplément.
Voir aussi le même recueil, 17 juillet 1909, supplément.

perruches, le piano est principalement maudit par la plupart des liseurs, des gens studieux et paisibles.

Vous n'avez pas le droit d'empester toute une maison par des odeurs fétides ou délétères ; pourquoi la troubler par votre vacarme, et fatiguer ou briser le tympan de vos voisins ? Si le bruit du moins avait ce caractère du privilège de ne pas sortir de votre appartement et de demeurer confiné avec vous ! Si votre liberté ne venait pas attenter à la mienne !

En diverses circonstances, des jugements ont été rendus, des arrêtés ont été notifiés contre l'abus du piano. En 1897, par exemple, la Société des immeubles de la plaine Monceau fut condamnée à faire expulser une locataire maitresse de chant [1].

Le maire de la ville de Limoges prit, quelques années plus tard, un arrêté interdisant, à certaines heures, le jeu des instruments de musique « de nature à incommoder les voisins », et aussi les sonneries des cloches [2], — dont le poète J. Jovien Pontanus souhaitait si judicieusement, au dire de Rabelais [3], qu'elles fussent faites de plume avec une queue de renard pour battant, afin de ne pas

---

1. Cf. *La République française*, 24 juin 1897.
2. Cf. *L'Indépendance de l'Est*, 26 février 1901.
3. I, 19 et V, 27. — Exceptionnellement, Guez de Balzac (1597-1654) ne *s'accommodait pas mal* avec les cloches : « Car, quand tous les hommes dorment, et qu'il n'y a que moi et les astres qui veillons, elles me tiennent quelque sorte de compagnie, aussi bien que ma lampe et mon porte-feuille. » (Guez de Balzac, *Œuvres*, Entretiens, t. II, p. 282 ; Paris, Lecoffre, 1854.)

assourdir les ouailles d'alentour et leur engendrer
la migraine.

« On comprend qu'au moyen âge, écrivait un jour
Théodore de Banville[1], une rue spéciale ait été
assignée à chaque corps d'état, et certes il n'était
pas mauvais que les teinturiers, par exemple, ne
pussent teindre en bleu et en jaune que le ruisseau
d'une seule rue, et que les serruriers et batteurs de
fer n'eussent autour d'eux que des serruriers à
assourdir du bruit de leurs marteaux. Je com-
prendrais, et combien ne le souhaiterais-je pas ! que
les pianistes fussent relégués et internés dans un
quartier lointain où ils seraient seuls admis à
entendre réciproquement les gammes fulgurantes
et les accords plaqués dont ils font leurs délices, et
je ne vois pas ce qui empêcherait une Assemblée
nationale, sérieusement amie de la liberté, d'édicter
une loi conçue en ce sens. »

D'où la proposition de classer les maisons, les
maisons de Paris notamment, en deux catégories :
1º maisons tranquilles, sans pianos, violons ni cors
de chasse, sans cantatrices, ni perruches, etc. ; =
2º maisons bruyantes *ad libitum.*

L'éminent compositeur Ernest Reyer, l'auteur de
Sigurd (1823-1909), mena jadis une vigoureuse campagne, et qui eut un grand retentissement, contre
l'abus du piano. Il demandait qu'on frappât ces instruments d'un lourd impôt.

1. Dans la *Revue encyclopédique Larousse*, 1890, p. 707.

« Ernest Reyer ne dissimule pas, d'ailleurs, son ambition secrète, qui consiste à faire disparaître le plus tôt possible cette effroyable quantité de pianos qui infestent le territoire de la République, et ne tendent à rien moins qu'à rendre notre pays absolument inhabitable. De l'avis de tous les médecins, le piano constitue, en effet, un danger public, » etc. C'est en ces termes hyperboliques que le journal *Le Gaulois*[1] rendait compte de la lutte engagée par l'illustre maestro, lutte qui n'obtint, du reste, aucun résultat.

Un journaliste, réputé pour le premier ou *le prince* des chroniqueurs de son temps, Auguste Villemot (1811-1870), a un jour écrit cette boutade[2] en parlant de lui et de son peu d'enthousiasme pour la musique : « Après la guillotine, l'instrument qu'il redoutait le plus, c'était le piano. Encore, avec la guillotine, l'exécution ne dure que deux minutes; tandis qu'on avait vu des condamnés exposés pendant quatre heures au supplice du piano. Par un raffinement de cruauté, on les empêchait de se moucher. »

Remarquons, au surplus, que quantité d'écrivains, de poètes surtout, ont eu la haine de la musique.

« Balzac l'exécrait. Hugo ne peut pas la souffrir.

---

1. Dans le journal *Le Voleur*, 14 octobre 1886, p. 651 ; voir aussi même journal, 4 novembre 1886, p. 701.

2. Dans le journal *Le Soleil*, cité dans *Le Voleur*, 30 novembre 1866, p. 805.

Lamartine... l'a en horreur, » nous disent les Goncourt[1].

C'est aussi et textuellement ce que constate Alphonse Daudet[2] : « En France, les gens de lettres ont généralement la musique en horreur.... Théophile Gautier, Saint-Victor, Hugo, Banville, Goncourt, Zola, Leconte de Lisle, tous musicophobes. »

Et Voltaire[3] : « Pour la musique... je ne m'y connais guère ; je n'ai jamais trop senti l'extrême mérite des doubles croches. »

L'érudit La Mothe-Le Vayer (1588-1672), qui fut précepteur des enfants de Louis XIII et jouit d'une grande réputation, « ne pouvait supporter la musique[4] ».

Henri Heine (1797-1856) « resta toute sa vie insensible aux charmes de la musique[5] ».

« Lamartine s'enfuit à toutes jambes quand il voit ouvrir un piano, écrit de son côté Théophile Gautier[6] ; Alexandre Dumas (père) chante à peu près aussi bien que Mlle Mars ou feu Louis XV, d'harmonieuse mémoire ; et moi-même, s'il est per-

1. *Journal*, 1862, t. II, p. 12.
2. *Trente ans de Paris*, p. 330 ; Paris, Marpon et Flammarion, 1888.
3. *Correspondance*, lettre à Mme Denis, 22 août 1750 (*Œuvres complètes*, t. VII, p. 714 ; édit. du journal *Le Siècle*).
4. *Journal de la Jeunesse*, 9 mai 1908, supplément, couverture, p. 3.
5. Louis Ducros, *Henri Heine et son temps*, p. 50 ; Paris, Didot, 1886.
6. *Les Grotesques*, p. 158-159.

mis de parler de l'hysope après avoir parlé du cèdre, je dois avouer que le grincement d'une scie ou celui de la quatrième corde du plus habile violoniste me font exactement le même effet,... La musique fait de l'effet sur les animaux; il y a des chiens de chasse dilettanti qui ont des spasmes en entendant toucher de l'orgue expressif, et des caniches qui suivent les chanteurs ambulants en hurlant de la manière la plus harmonieuse et la plus intelligente. Lisez-leur les plus magnifiques vers du monde, ils y seront peu sensibles. »

Gustave Claudin, dans ses *Souvenirs*[1], attribue ce mot à Théophile Gautier : « La musique, c'est le plus coûteux de tous les bruits »; et il confirme ce que nous avons vu tout à l'heure, que le brillant styliste Paul de Saint-Victor, lui aussi, « détestait la musique ».

« Je ne suis pas comme M. de Vigny, je n'aime point *le son du cor au fond des bois*, lit-on dans une lettre de Gustave Flaubert à George Sand[2]. Voilà deux heures qu'un imbécile posté dans l'île en face de moi m'assassine avec son instrument. Ce misérable-là me gâte le soleil et me prive du plaisir de goûter l'été. »

Le poète Hérédia (1842-1905) « méprisait la musique[3] ».

1. Pages 280 et 286.
2. *Lettres de Gustave Flaubert à George Sand*, juillet 1873, p. 221 ; Paris, Charpentier, 1884.
3. *Le Temps*, 10 octobre 1919.

« Je n'ai pas la moindre teinture de l'art musi-
cal.... La musique agit peu sur mes sens; le plus
souvent elle m'ennuie, » avoue le grand écrivain.
socialiste P.-J. Proudhon (1809-1865)[1]..

Dans son roman *Monsieur Rabosson*[2]; M. Abel
Hermant met en scène un personnage qui « à la
musique préfère l'aboiement des chiens : ça exprime aussi le plaisir et la douleur, et c'est plus
naturel ».

1. *De la Justice dans la Révolution et dans l'Église*, t. III,
p. 345; Bruxelles, Lacroix, 1868.
2. Page 36.

VI

LA MEILLEURE LUMIÈRE
LES FACULTÉS VISUELLES
L'ENTRAINEMENT — ÉLOGE DES MATINÉES

Vos recherches à travers vos livres, il n'est jamais aussi facile de les effectuer la nuit que le jour, si ingénieusement disposé que soit votre cabinet de travail, et si bien éclairé qu'il soit par le gaz ou l'électricité, même quand les becs ou ampoules sont fixés au plafond, que la lumière tombe d'en haut et s'étend dans toute votre pièce; jamais aussi facile d'inspecter les rayons extrêmes, supérieurs ou inférieurs, de votre bibliothèque, fouiller dans vos volumes les plus reculés et les plus cachés.

Et comme ce besoin d'investigation ou de contrôle peut surgir à tout instant, vous avez grand intérêt, si la chose vous est licite, si vous n'avez pas quelque occupation au dehors dans la journée, de ne lire, écrire et fureter dans votre cabinet que durant le jour.

Notons, en outre, et c'est par cette considération que nous aurions dû commencer, que toute lumière artificielle, bougie, huile, pétrole, gaz, électricité, fatigue plus la vue que la franche et bienfaisante lumière naturelle.

Eugène Mouton exhorte véhémentement, lui aussi, les écrivains à ne pas faire de la nuit le jour : « Il ne faut pas travailler la nuit, écrit-il[1], parce que veiller est une chose contre nature, qui fatigue à la fois le corps, le cerveau et les yeux, et toute fatigue est un affaiblissement dont on retrouvera les traces dans le produit d'un travail de nuit. La lumière du soleil éclaire et féconde l'esprit aussi puissamment que le corps, avec lequel il ne fait qu'un, et profit ou perte sont pour l'un comme pour l'autre. Certainement on pourrait citer bien des auteurs, quelques-uns célèbres, qui n'écrivaient que la nuit, croyant avoir besoin, pour travailler, du silence qu'elle procure et de l'excitation causée par le manque de sommeil; il est probable que, s'ils avaient écrit le jour, les médiocres ne l'auraient pas été davantage, et les bons n'y auraient rien perdu. Quand ce ne serait que pour conserver vos yeux, n'écrivez jamais la nuit. »

Mais que la lumière qui vous éclaire dans vos travaux soit artificielle ou naturelle, évitez de l'avoir en face de vous ou à votre droite; en face, elle fait mal et souvent grand mal aux yeux; à droite, elle projette l'ombre de votre plume sur la ligne même que vous tracez, ce qui est excessivement incommode.

1. *L'art d'écrire un livre*, p. 177.

Et quelle lumière convient le mieux dans votre
cabinet de travail ; quelle lumière fatiguera le
moins vos yeux ?

Cela dépend d'abord de vos yeux.

Il en est des yeux comme de l'estomac : un bon
estomac digère sans difficulté des mets très épicés
et réputés très lourds : boudin, marinade, sauce
ravigote, homard à l'américaine, etc. ; tandis qu'un
estomac débile ne s'accommode que de laitage,
d'œufs et de blanc de poulet : pour lui, c'est la
meilleure des nourritures.

De même, les personnes qui ont les yeux fatigués, la vue délicate, estiment que la lumière électrique ne vaut rien, le gaz non plus, et que rien
n'est préférable à l'huile ou à la bougie.

Ce qui plaît à l'œil sain offense un chassieux,

d'après un des vers-proverbes de notre vieux sati-
rique Mathurin Regnier[1].

Un érudit bibliophile, Victor Advielle (1823-
1903), déclarait, dans les derniers temps de sa vie,
à soixante-seize ans, qu'il ne s'était jamais servi
que de bougie pour travailler le soir, et, ajoutait-il,
« j'attribue à cet usage l'excellente vue que j'ai con-
servée[2] ».

Eugène Mouton[3] donne aussi la préférence à la

1. *Satires*, V, 85.
2. Dans l'*Intermédiaire des chercheurs et curieux*, 10 février 1899, col. 204.
3. *Ouvrage cité*, p. 192-193.

bougie sur tous les autres luminaires, et il les classe dans l'ordre suivant : « Le gaz est pire que tout ; l'électricité ne vaut guère mieux ; le pétrole et l'essence, pas grand chose non plus ; mais, à l'aide d'écrans ou de réflecteurs colorés, on peut adoucir indéfiniment la violence de leur lumière. L'huile, et par-dessus tout, des bougies.... Le plus salutaire des éclairages artificiels est un groupé de bougies, quatre au moins, placées à gauche et rapprochées les unes des autres.... Il convient de les ranger en quart de cercle.... »

Tous ces conseils ou aveux ne prouvent qu'une chose, c'est que nos confrères Victor Advielle et Eugène Mouton avaient tous deux « la vue faible ». Autrement, tous deux auraient pu supporter des sources de lumière plus fortes que celles des bougies.

« Connais-toi toi-même », nous enseigne et nous exhorte la sagesse antique. Pour nous également, le point capital, la première chose à faire ici, c'est de « connaître nos yeux », et, si besoin est, de remédier à leurs défauts, c'est-à-dire de nous munir de verres (lunettes ou lorgnon) adaptés à notre vue, « corrigeant exactement les vices de réfraction », selon l'expression des oculistes.

L'œil en bon état ou ainsi « rectifié » est un organe d'une résistance étonnante, fonctionnant de nombreuses heures sans arrêt ni repos, et pouvant supporter toutes les lumières *réfléchies*, toutes les lumières *indirectes*. « Les yeux ont une force de résistance tout à fait extraordinaire, écrit le docteur Émile Javal [1] ; les personnes qui ont une bonne vue peuvent travailler indéfiniment, de jour et de nuit, sans aucune fatigue et sans aucun inconvénient pour leurs yeux, et elles peuvent continuer ainsi jusqu'à l'âge le plus avancé, sans autre condition que d'avoir à prendre des verres convexes quand elles deviennent presbytes. Il n'en est plus de même pour celles dont la vue est défectueuse : leurs yeux, sous l'influence de la fatigue, refusent plus ou moins le service ou contractent des inflammations qui résistent à tous les collyres, mais qui disparaissent comme par enchantement par l'emploi de verres appropriés.... »

Pour des yeux bien constitués ou munis de verres « appropriés », la meilleure lumière sera celle qui ne contient ni trop de rayons rouges, ni trop de rayons violets, et le plus de rayons jaunes possible, le maximum d'éclairage étant dans la partie jaune du spectre solaire. La meilleure lumière sera donc la lumière solaire d'abord, lumière naturelle ; puis, parmi les lumières artificielles, la lumière électrique en premier lieu, et le gaz (bec Auer) ensuite. Ce sont le soleil, l'électricité et le gaz qui donnent les plus grandes intensités de lumière. Viennent ensuite le pétrole, l'huile et enfin la bougie, — la bougie si chère à nos prédécesseurs Advielle e Eugène Mouton.

Des expériences rapportées par le journal *L'Élec-*

---

1. *Physiologie de la lecture et de l'écriture*, p. 75.

tricien[1] confirment, partiellement tout au moins,
cet ordre de classement : « La lumière la plus fatigante serait la bougie, l'antique et respectable bougie ; viendraient ensuite le gaz et enfin la lumière
électrique. » D'huile et de pétrole, il n'est pas ici
question.

L'auteur de l'ouvrage *La Maison de campagne*,
Mme Aglaé Adanson (1775-1852), fait cette remarque,
que « pour la conservation de la vue, il faut s'habituer à travailler au petit jour, éviter la trop
grande lumière et surtout ses reflets. La grande
clarté épuise la puissance visuelle, tandis que
l'obscurité l'accumule[2]. »

Tel était aussi l'avis de Buffon : « Les personnes
qui écrivent ou qui lisent trop longtemps de suite
doivent, pour ménager leurs yeux, éviter de travailler
à une lumière trop forte : il vaut beaucoup mieux faire
usage d'une lumière trop faible, l'œil s'y accoutume
bientôt ; on ne peut tout au plus que le fatiguer en
diminuant la quantité de lumière, et on ne peut
manquer de le blesser en la multipliant[3]. »

1. Dans le *Journal de la Jeunesse*, 25 janvier 1902, supplément. — Je ne saurais trop remercier deux éminents ophtal-
mologistes, M. le docteur Dehenne et, plus particulièrement,
M. le docteur Rochon-Duvigneaud, des renseignements qu'ils
ont bien voulu me fournir sur le sujet qui nous occupe en ce
moment, les différents modes d'éclairage et les facultés
visuelles.
2. Dans *l'Intermédiaire des chercheurs et curieux*,
10 février 1899, col. 204.
3. Buffon, *Œuvres choisies*, De l'homme, t. I, p. 286 ;
Paris, Didot, 1865.

Eh bien ! non. Ce qui fatigue le moins la vue, c'est une belle, pleine et franche lumière, — lumière *fixe*, bien entendu, ne vacillant pas, et lumière *indirecte*, c'est-à-dire ne frappant pas directement sur les yeux, car nous ne sommes pas comme les aigles, qui peuvent contempler à leur aise le soleil face à face. Il est bon aussi que cette lumière artificielle nous arrive tamisée par un globe dépoli, ou sous un abat-jour opaque.

Le docteur Émile Javal (1839-1907), dont nous avons déjà invoqué l'autorité, qui dirigea le laboratoire d'ophtalmologie de la Sorbonne, et fit des études ophtalmologiques l'objet de toute sa vie, belle et vaste intelligence, savant et puissant travailleur, qui, devenu aveugle à soixante-deux ans, s'ingénia à continuer le mieux possible ses fécondes expériences sur les facultés visuelles, — le docteur Émile Javal constate que « les enfants qui sont déjà myopes voient augmenter rapidement cette infirmité, pour peu qu'ils s'obstinent à lire malgré l'insuffisance de l'éclairage…. La différence capitale entre l'éclairage naturel et l'éclairage artificiel, continue-t-il, réside dans l'excessive faiblesse de ce dernier. Pour prouver combien le plus brillant éclairage artificiel est faible, il suffit de remarquer combien est insignifiante la clarté produite en plein jour par une lampe ou un bec de gaz. Autre preuve : ainsi qu'il est facile de s'en convaincre, dans les lieux de réunion les plus brillamment éclairés, les pupilles ont un diamètre beaucoup plus considérable

qu'en plein jour.... Tous nos éclairages artificiels
sont d'une pauvreté misérable, et ce n'est pas dans
l'éclat excessif des sources lumineuses, mais bien
dans leur insuffisance, qu'il faut chercher le motif
de la fatigue qui accompagne souvent le travail du
soir.

« Combien n'entend-on pas de personnes dire
qu'elles se sont brûlé la vue en travaillant à la
lumière du gaz ou de l'électricité, et qu'elles ne
peuvent plus lire à la lueur d'une bougie ou d'une
petite lampe ? Elles devraient comprendre que la
même gêne se serait produite avec les progrès de
l'âge, si elles n'avaient pas fait usage de gaz ou
d'électricité, et qu'en réalité, grâce à un éclairage
meilleur, elles ont été mises à même de continuer,
pendant des années, des travaux auxquels elles
auraient dû renoncer si elles avaient été réduites
au chétif luminaire qui leur suffisait dans leur jeunesse.

« En résumé, pour l'éclairage artificiel, privé ou
public, comme pour l'éclairage diurne des vastes
salles dont toute la superficie doit être occupée par
des travailleurs, l'hygiéniste peut s'approprier le
mot de Gœthe mourant : « Apportez de la lumière,
encore plus de lumière[1] ! »

Nous voilà loin, encore une fois, des chandelles et
des bougies, jadis si vantées, aussi bien que des

____

1. Émile Javal, *Physiologie de la lecture et de l'écriture*,
p. 171, 177 et 179.

quinquets et lampes Carcel ; et, en somme, la
lumière électrique, qui a d'abord l'avantage, bien
appréciable durant les torrides nuits d'été, de ne pas
échauffer la pièce, nous paraît avoir conquis la majorité des suffrages.

* *

« Ménagez vos-yeux ! » C'est l'expresse et
suprême recommandation à adresser à tous ceux
qui lisent et écrivent, à tous les chercheurs et fure-
teurs, — à tout le monde, peut-on dire.

Ayez bien soin de vos yeux, et, pour cela, évitez
de lire en marchant, de lire en wagon, de fumer en
lisant[1]. Sans doute, avec des yeux régulièrement
constitués ou munis de verres appropriés à votre
vue, ainsi que nous le disions tout à l'heure, vous
lirez, sans grande difficulté ni peine, en marchant,
en voyageant et en fumant ; mais n'importe ! il est
ici plus prudent de s'abstenir. Évitez aussi les
impressions trop fines et trop compactes, celles
dont la *justification* ou longueur des lignes est trop
grande : rien de plus fatigant que les longues lignes
en petits caractères. C'est pour cela que les typographes emploient ou doivent employer des caractères plus forts et un interlignage plus espacé pour
les impressions à longue justification.

---

1. « Ne pas laisser tomber sur ses livres la cendre des cigares ; ce qui vaut mieux, ne pas fumer en lisant : cela fait mal aux
yeux. » (HAROLD KLETT, *Don't* [Ce qu'on ne doit pas faire], dans
The Library Journal, de New-York, avril 1885, p. 117-118.)

« Il faut éviter les lignes longues, écrit le docteur Émile Javal[1]. L'expérience est là pour nous donner raison ; c'est dans les pays où les livres et les journaux sont imprimés avec les lignès les plus longues que la myopie progressive sévit avec la plus grande intensité. A ceux qui disent complaisamment que *le degré de civilisation d'un peuple peut se mesurer au nombre des myopes* qu'il révèle aux statisticiens[2], nous répondrons que l'économiè outrée de luminaire, l'emploi des caractères gothiques trop petits et souvent usés[3], imprimés sur un papier gris et transparent, sont des causes bien suffisantes pour faire apparaître la myopie chez les enfants, et que l'abus de la lecture au détriment de la réflexion et de l'observation des faits réels, joint à l'emploi de lunettes trop fortes et à l'adoption d'une *justification trop large* pour les livres et les journaux, sont les conditions les plus propres à rendre progressives les myopies qui pourraient rester stationnaires... »

Quant aux *justifications très étroites*, c'est-à-dire

1. *Ouvrage cité*, p. 193-194.
2. Déjà Montesquieu écrivait (*Lettres persanes*, 78 ; OEuvres complètes, t. III, p. 93, Paris, Hachette, 1866) : « Les lunettes font voir démonstrativement que celui qui les porte est un homme consommé dans les sciences et enseveli dans de profondes lectures, à un tel point que sa vue s'en est affaiblie ; et tout nez qui en est orné ou chargé peut passer, sans contredit, pour le nez d'un savant. »
3. C'est là une des causes de la substitution de plus en plus fréquente, en Allemagne, des caractères romains aux caractères gothiques, ceux-ci étant plus compliqués et enjolivés que ceux-là, sont, par suite, plus exposés à se détériorer.

aux lignes très courtes, — lignes d'*habillage* de gravure, par exemple, — n'ayant que deux, trois ou quatre centimètres de longueur, elles sont sans inconvénient pour la vue, parce que le regard ne fait aucun mouvement de va-et-vient pour les lire : d'un même coup d'œil, instantanément, il embrasse et saisit plusieurs de ces lignes en entier, dans leur minime espace.

Mais rien de plus pénible pour la vue que de collationner soi-même un texte sur un autre, ou de copier un document qu'on a près de soi, sur sa table : ce continuel mouvement de va-et-vient des yeux est pour eux le pire labeur.

Évitez surtout, surtout ! les impressions faites sur des papiers glacés et brillants : elles abondent aujourd'hui, celles-là. Déjà Montaigne s'en plaignait[1] : que dirait-il à présent ?

Maintes et maintes fois les plus instantes réclamations ont été formulées à ce sujet ; en voici une, extraite de la *Revue encyclopédique Larousse*[2], que dirigeait avec tant de compétence et de goût M. Georges Moreau, et qui résume on ne peut mieux la question :

« *Nuisance du papier blanc et glacé*. — Tous les médecins, tous les oculistes ont depuis longtemps

---

1. « Pour amortir la blancheur du papier, au temps que j'avois plus accoustumé de lire, je couchois sur mon livre une pièce de verre, et m'en trouvois fort soulagé. » (MONTAIGNE, *Essais*, III, 13 ; t. IV, p. 318 ; édit. Louandre).

2. Numéro du 19 août 1899, *L'Actualité*, p. 130.

condamné le papier trop blanc et trop glacé, employé dans la confection des livres de classe, des romans, des revues, etc. Il suffit de comparer, pendant une demi-heure de lecture, une édition moderne d'un ouvrage classique, avec une édition ancienne du même livre, pour reconnaître la nuisance du papier incriminé sur l'appareil visuel. Les livres de jadis, imprimés en caractères un peu gras, parfois d'un profil irrégulier, sur du papier de chiffon grenu, à teinte terne, grisâtre ou bleuâtre, ne fatiguaient pas la vue. Les publications modernes, faites en caractères maigres, allongés et serrés (sauf le type elzévir), sur du papier de bois à fibre courte, brisée plutôt qu'aplatie, et à surface miroitante, avec des encres et des presses qui opèrent moins une impression (ou empreinte) qu'un « décalque » du cliché imprimeur, exercent graduellement sur l'organe de la vue des effets pernicieux. Chez les écoliers, la myopie, le strabisme et autres troubles visuels, sont fréquemment amenés par l'usage quotidien des livres imprimés en caractères trop fins et trop serrés, sur un papier trop blanc et trop calandré, — sans parler des papiers dits *couchés*, — qui offense la vue par le jeu de ses reflets. En France, le remède à cet état de choses est entre les mains du ministre de l'Instruction publique, des directeurs des maisons d'éducation et des municipalités. »

Voilà d'excellents avertissements, dont il serait très sage de profiter.

Quant aux impressions sur papier rose ou rouge,

à ces pernicieuses fantaisies, garez-vous-en comme de la peste[1].

Évitez même, pour peu que vous ayez la vue délicate, d'avoir autour de vous, dans votre cabinet de travail, en reliures, tapis, tentures, etc., trop de couleurs vives et crues, trop de rouge, par exemple.

Vous ne sauriez, en un mot et encore une fois, avoir pour vos yeux trop d'égards, prendre pour eux trop de précautions : ce sont les premiers et les plus indispensables de vos instruments.

« Il y a quelque chose de plus précieux que la santé, de plus précieux que la vie, car il vaut cent fois mieux être mort que d'en être privé : la vue. Pas un jour, pas une heure, il ne faut cesser de veiller sur ses yeux comme sur un trésor, autour duquel

---

1. Pour se singulariser, dans l'espoir de provoquer la curiosité publique, ou uniquement pour s'amuser et par plaisanterie, certains auteurs ou éditeurs se sont avisés de faire tirer des ouvrages sur papier rose ou rouge vif. « M. Étienne Guyard, auteur d'une *Histoire du monde, son évolution et sa civilisation* (Paris, Société d'éditions scientifiques, 1894 ; in-8°, ix-690 pages), déclare avoir fait imprimer son livre sur papier rose, *afin que le lecteur puisse voir tout en rose* ». (*L'Intermédiaire des chercheurs et curieux*, 10 avril 1902, col. 535-536.) Le malheureux lecteur risque plutôt d'y perdre la vue et de voir ainsi *tout en noir*. Henri de Bornier fait tirer dix exemplaires de son drame *France... d'abord !* « sur papier rouge, *pour les militaires* ». (*Catalogue de la librairie Dorbon aîné*, novembre-décembre 1903, n° 5919.) « Caraccioli, *Le Livre des quatre couleurs* ; Aux quatre éléments, imprimerie des Quatre-Saisons (Duchesne, 1760, in-12), ouvrage imprimé en quatre couleurs... » (*Catalogue de la librairie Lucien Dorbon*, 15 juillet 1904, n° 807.) « Mᵐᵉ Blanchecotte, *Nouvelles Poésies*, Paris, Perrotin, 1861, in-12... Imprimé sur papier rose. » (*Catalogue Chrétien-Lehec*, novembre 1909). Etc.

l'ennemi rôde constamment, prêt à sauter dessus pour nous l'arracher. Cet ennemi, c'est la fatigue, l'excès ou le défaut, la couleur, la direction, la qualité de la lumière à laquelle on écrit ; c'est encore la distance, la disposition, la nuance du papier, de l'encre, la qualité de la plume, et jusqu'à la couleur du tapis de bureau et du sous-main. Ce n'est pas des ménagements, c'est un culte, que nous devons à la vue [1]. »

**   **

Et comment reposer vos yeux, si, à force de lire ou d'écrire, ils viennent à se fatiguer ?

D'abord, il ne faut pas attendre que cette fatigue se produise. Il ne faut pas lire des heures entières sans discontinuer ; il faut interrompre de temps en temps sa lecture et promener ses regards au dehors, dans la rue ou la campagne, ou vers le ciel. Il est bon aussi, quoique nous placions les volumes de référence à portée de notre main, pour éviter de trop fréquents dérangements, de se lever de son siège de temps à autre, et de marcher et circuler dans sa pièce ou son appartement.

Regarder au loin est le meilleur moyen de repo-

---

1. Eugène Mouton, *ouvrage cité*, p. 189. — Francisque Sarcey, ce passionné liseur et travailleur, dont la vue fut, à certain moment, gravement atteinte, publia alors une brochure, intitulée *Gare à vos yeux !* qu'il fit exprès imprimer « en gros caractères et sur du papier teinté (crème, jaunâtre, la meilleure des teintes), pour soulager vos pauvres yeux ». (Préface, p. 5 ; Paris, Ollendorff, 1884.)

sér la vue, et nous ne pouvons mieux faire que de reproduire ici les principales considérations réunies à ce sujet par le Dr Émile Javal, et dont l'ensemble forme une magistrale étude du « mécanisme visuel » de la lecture [1] :

« Ce n'est pas sans raison que la lecture passe pour l'une des occupations les plus fatigantes qu'on puisse imposer à la vue...

« Il faut remarquer tout d'abord que la rétine peut fonctionner sans interruption toute la journée, sans qu'il se produise le moindre symptôme de fatigue. En effet, à la chasse ou en voyage, nous pouvons regarder autour de nous pendant des journées entières, sans que nos yeux éprouvent jamais le moindre sentiment de lassitude.

« Il n'en est plus de même quand nous appliquons notre vue à distinguer des objets très rapprochés : dessinateurs, écrivains, ouvriers de précision ou couturières, ceux qui passent de nombreuses heures, tous les jours, à leur table de travail, sont sujets à se fatiguer plus ou moins et à devenir myopes. L'application prolongée de la vue sur des objets voisins est donc une cause de fatigue si généralement reconnue, qu'elle n'est mise en doute par personne. Ce n'est pas une raison pour poser en axiome l'influence nocive de la vision des objets voi-

---

1. *Ouvrage cité*, p. 184 et suiv. — Un autre bon remède pour les yeux fatigués, c'est de les bassiner avec de l'eau boriquée très chaude. On se sert pour cela d'un linge replié plusieurs fois sur lui-même qu'on imbibe de cette eau, et qu'on applique sur les yeux.

sins ; *a priori*, rien ne permettait de prévoir ce fait, qu'il nous faut accepter tout d'abord comme purement expérimental...

« C'est par une tension permanente interne que nous avons expliqué la fatigue de l'homme de lettres, de l'artiste et de l'ouvrier de précision.

« Mais cette fatigue, et la myopie qui en résulte si souvent, atteignent un degré d'intensité et de fréquence bien plus remarquable chez le lecteur que chez les ouvriers qui se livrent au travail le plus assidu ; pour le démontrer, il n'est même pas besoin de recourir aux statistiques, dont les résultats confirment d'ailleurs nos assertions. Passez en revue les artisans, les couturières, les artistes les plus laborieux que vous connaissez, et, si vous prenez la peine de mettre en parallèle le nombre des myopes que vous comptez parmi les savants de votre connaissance, c'est parmi ces derniers que la proportion des myopes est la plus grande, et de beaucoup. Connaissez-vous beaucoup de bibliothécaires qui ne soient pas myopes? Comptez-vous beaucoup de myopes parmi les couturières ?

« Autre exemple : entrez dans la salle de rédaction d'un journal, les myopes sont en majorité ; passez dans l'atelier des compositeurs, la proportion est retournée ; les compositeurs myopes sont aussi rares que les couturières myopes.

« Remarquons encore, parmi les littérateurs, la fréquence plus grande de la myopie chez ceux qui lisent beaucoup : le compilateur a bien plus de

chances d'être myope que le poète, l'auteur dramatique ou le compositeur de musique.

« Si nous voulons remonter aux causes, nous
remarquerons tout d'abord que la myopie date souvent de l'enfance…. Nous ferons observer que, de
tous les apprentissages exigeant une vision exacte,
celui de la lecture et de l'écriture est le seul qui
soit pratiqué dès l'âge de six ou sept ans. ·

« Nous noterons ensuite que la lecture exige une
application *absolument permanente* de la vue. L'artiste, l'écrivain, l'artisan même, interrompent à tout
instant leur travail pour réfléchir ; tandis que le lecteur n'accorde pas un instant de repos à l'organe.
La couturière n'a besoin de toute son attention qu'au
moment où elle pique dans l'étoffe ; le typographe
ne regarde la lettre que, tout au plus, au moment
où il la saisit ; tandis que le lecteur voit défiler les
mots, sans trêve ni relâche, pendant des heures.
Cette application continue est accompagnée néces-
sairement d'une tension permanente du muscle
ciliaire, tension qui prédispose à la myopie.

« En troisième lieu, les livres sont imprimés en
noir sur fond blanc ; devant eux, l'œil est donc en
présence du contraste le plus absolu qu'on puisse
imaginer, et il n'est guère de profession où cette
circonstance se présente à un aussi haut degré. Nous
proposons d'atténuer les inconvénients de ce contraste en faisant usage de *papier jaune* pour l'impression des livres. La nature du jaune à employer
n'est pas chose indifférente. Nous préférerons du

jauné résultant de l'absence des rayons bleus et
violets, analogue à celui que donnent les pâtes de
bois, et qu'on corrige bien à tort par une addition
de bleu d'outremer... »

* *

Donc, pour ces deux motifs, facilité des recherches,
ménagement des yeux, vous avez le plus grand
intérêt à n'effectuer votre labeur quotidien que
durant le jour, — j'ajoute tout de suite : et le
matin de préférence.

Vous avez grand intérêt aussi à ne pas faire vos
séances de travail trop courtes, parce que la *mise
en train*, l'*entraînement*, est nécessaire à tout bon
travail. On travaille davantage et mieux la seconde
heure, la troisième heure, que la première.

« Il est plus difficile de se remettre au travail
que de le continuer pendant que l'on est en
haleine », — *difficilius est repetere quam jungere*,
a très bien observé Pline le Jeune (*Lettres*, IV, 9,
à Ursus). Il est évident qu'il ne faudrait pas pousser
ce raisonnement à l'extrême, parce qu'un autre
facteur ne tarde pas intervenir, la fatigue, fatigue
cérébrale ou physique, qui fait de plus en plus
obstacle au bon fonctionnement de nos organes[1].

1. Eugène Mouton, dans son ouvrage souvent cité par nous,
l'Art d'écrire un livre (p. 175), estime que « deux heures de
rédaction par jour sont une mesure qu'il ne faut pas dépasser... »
Cela dépend, il est vrai, et du genre de rédaction et des
facultés cérébrales de l'écrivain ; mais, d'une façon générale,
ce laps de temps, deux heures, me paraît trop court ; les
séances de quatre ou cinq heures sont, à mon avis, plus pro-

Chez les ouvriers, comme chez les écoliers, patrons et professeurs sont unanimes à reconnaître que le travail du lundi matin est pénible et peu productif, que le repos du dimanche, — toute une journée de repos : c'est peut-être un peu trop — a pour ainsi dire fait perdre l'habitude du travail, et les recherches de M. Ferré, le physiologiste, corroborent cette remarque : « Un arrêt très prolongé entraîne une diminution de la puissance de travail par rapport à ce qu'elle était avant l'arrêt; tout au contraire, un arrêt de cinq à dix minutes seulement est suivi d'un accroissement très sensible de la puissance musculaire. On devrait en déduire, dans la pratique, qu'il vaut mieux s'arrêter fréquemment pour peu de temps que rarement et pour longtemps. Ces expériences confirment l'excellente coutume que l'on a, dans les marches militaires, de ne pas faire souvent une longue halte [1]. »

Mêmes inconvénients pour les gymnastes et acrobates; à une danseuse de cirque, un jour complet de repos nécessite huit jours de double travail [2].

fitables. Lucien de Samosate (Épigrammes, Œuvres complètes, t. II, p. 549; trad. Talbot) allait jusqu'à six : « Six heures suffisent aux travaux ; celles qui viennent après tracent aux hommes les lettres suivantes : Vivez! ». Nous avons vu précédemment (chap. I, p. 14) le docteur Toulouse affecter dix heures au travail, mais dix heures qui, en réalité, se trouvent très sensiblement réduites par la correspondance, la lecture des journaux, les visites, etc.

1. *Journal de la Jeunesse*, 26 juin 1909, p. 62.
2. Guyot-Daubès, *Les Hommes-Phénomènes*, p. 235-236 ; Paris, Masson, s. d.

Interrompre longtemps son travail habituel, le délaisser durant quelques semaines, quelques jours même, — à moins, bien entendu, que la fatigue ne vous y contraigne, — ne vaut donc rien, car cette interruption exigera une nouvelle mise en train, qui vous prendra du temps, et souvent vous ne retrouverez pas après l'ardeur, la vivacité de perception, l'entière possession de vos facultés et l'heureuse veine que vous aviez auparavant. « Rien n'est plus dangereux que le travail discontinué, a écrit Victor Hugo[1], très expert dans la question ; c'est une habitude qui s'en va. Habitude facile à quitter, difficile à reprendre... Malheur au travailleur par l'esprit qui se laisse tomber tout entier de la pensée dans la rêverie ! Il croit qu'il remontera aisément, et il se dit qu'après tout c'est la même chose. Erreur ! La pensée est le labeur de l'intelligence, la rêverie en est la volupté. Remplacer la pensée par la rêverie, c'est confondre un poison avec une nourriture. »

Personne n'aime à être dérangé quand il travaille, lorsqu'il écrit surtout, c'est de règle[2] ; le travail, coup sur coup interrompu et repris, non seulement cause un surcroît de fatigue, mais encore ne

---

1. *Les Misérables*, quatrième partie, livre II, chap. i ; t. IV, p. 56. Paris, Hachette, 1881.

2. Mais nous avons vu plus haut qu'il y a des exceptions à cette règle : Mme de Staël, qu'on ne dérangeait jamais quand elle écrivait ; Théophile Gautier, qui ne travaillait bien que « dans le sabbat » ; etc.

peut être bien fructueux : c'est de la force à peu près perdue.

J'ai dit que le travail du matin était préférable à tout autre. Le matin, en effet, grâce au repos de la nuit, notre esprit aussi bien que nos yeux et tous nos organes sont dans toute leur vigueur et leur meilleur état. Le fait a été maintes et maintes fois constaté, et de temps immémorial. En voici, pour vous convaincre, une série d'attestations et de preuves [1] :

« Les Israélites se levaient matin... De là vient que, dans leur style, se lever matin signifie, en général, faire une chose avec soin et avec affection ; et c'est ainsi qu'il est dit si souvent que Dieu s'est levé matin pour envoyer à son peuple des prophètes et l'exhorter à la pénitence. » (L'abbé FLEURY, *Mœurs des Israélites*, première partie, chap. v, p. 31 ; Paris, Dezobry, 1853).

« Le matin est le temps le plus propre pour toutes les actions de l'esprit », déclarait saint François de Sales. (*Introduction à la vie dévote*, première partie, chap. VIII, p. 32 ; Paris, Nelson, s. d.)

« Celui qui ne se lève pas avec le soleil ne jouit pas de la journée », nous avertit Cervantès. (*Don*

---

1. « *Mane* (le matin) vient du radical *man* que nous remarquons dans beaucoup de mots et qui contient l'idée de *doux*, *d'agréable*... Le matin a été appelé *mane* parce que rien n'est plus agréable que de voir reparaître la lumière du jour » (H. BATIFFOL, *Choix d'expressions latines*, p. 205, note 6 ; Toulouse, Privat, s. d.).

Quichotte, seconde partie, chap. xliii ; t. II, p. 295 ;
trad. Viardot.)

> Tout le plaisir des jours est en leurs matinées,
> La nuit est déjà proche à qui passe midi,

au dire de Malherbe (*Stances sur le mariage de
Louis XIII*, OEuvres, p. 131 ; Paris, Didot, 1858).

« Surtout, Madame, sauvez votre matin (vos
matinées), et défendez-le comme on défend une
place assiégée. Faites des sorties vigoureuses sur
les importuns, » écrivait Fénelon à Mme de Gram-
mont. (Dans Sainte-Beuve, *Causeries du lundi*,
t. X, p. 29.)

« Je ne peux plus travailler qu'aux premières
heures du jour, lorsque je me sens rafraîchi et
fortifié par le sommeil, assurait Gœthe, et que les
niaiseries de la vie quotidienne ne m'ont pas encore
dérouté. » (*Conversations recueillies par Ecker-
mann*, t. II, p. 9 ; trad. Délerot.)

« Un célèbre magistrat anglais, qui avait occasion de voir à la barre de son tribunal un grand
nombre de personnes, s'informait exactement de
tous les vieillards quel avait été le régime qui leur
avait si bien réussi. La seule chose qui se trouvât
commune à tous, ce n'était pas un genre de vie
spécial, c'était l'habitude de se lever matin. « Se
coucher de bonne heure et se lever de bonne heure,
donnent à l'homme santé, richesse et sagesse »,
disait J. Wesley, qui a vécu jusqu'à quatre-
vingt-dix-huit ans[1]. (J. Rambosson, 1827-1886,

1. John Wesley (1703-1791 = 88 ans, et non 98, d'après

dans *Le Magasin pittoresque*, juillet 1865, p. 222.)

La même sentence se retrouve dans Franklin (*La Science du bonhomme Richard*, p. 54; Paris, Bellaire, 1872) : « Se coucher tôt, se lever tôt, donnent santé, richesse et sagesse ».

Mais la liste de ces apophtegmes, « l'Éloge des matinées », serait interminable.

Voltaire, « quel que fût le nombre de ses invités et de ses commensaux, s'enfermait dès le matin dans son cabinet de travail, n'en sortait qu'à midi pour prendre un léger repas, travaillait encore quelques heures l'après-midi; et ce n'est que le soir, endossant alors un habit brodé, qu'il se consacrait tout entier à ses hôtes[1] ».

« Stendhal, en quelque endroit qu'il fût, avait soin de sauver toujours ses matinées, *car il n'y a guère que cela dans la vie*. La sienne se composait, par excellence, de ces heures solitaires qu'il donnait chaque jour à ses lectures ou à ses travaux préférés. Tout le reste lui semblait un remplissage indigne de lui, et ennuyeux[2]. »

Michelet travaillait toujours le matin : « dès qu'il se lève, à six heures, il avale son café[3] »…. « Levé dès six heures du matin, Michelet travaillait, comme on dit, d'arrache-pied jusqu'à midi; de là, s'en allait

Larousse), célèbre prédicateur et réformateur anglais.

1. Guyot-Daubès, *La Méthode dans l'étude*, p. 179.

2. Albert Collignon (1839-1921), *L'Art et la Vie de Stendhal*, p. 239.

3. Émile Deschanel, *Physiologie des écrivains et des artistes*, p. 172.

aux Archives.... Le soir, à neuf heures, le maître
s'éclipsait (de son salon). Un sommeil invincible,
que je lui ai toujours vu, fermait ses paupières[1]. »
Dans une note de *Mon Journal* (de Michelet,
p. 106), Mme Michelet modifie quelque peu ces
chiffres ; elle écrit que le grand historien prit, dès
sa jeunesse, « cette bonne habitude, qu'il a gardée
toute sa vie, de se lever de bonne heure. Même
âgé, il se levait bravement à cinq heures pour travailler jusqu'à onze ».

. « Presque tous les grands travailleurs de notre
temps (XIXe siècle) accomplissent leur tâche le matin.
M. Thiers est toujours levé à six heures dans toutes
les saisons. M. Eugène Scribe travaille, comme
M. de Lamartine[2], depuis six heures jusqu'à midi.
M. Victor Cousin ne travaille également qu'avant
son déjeuner. M. Mignet, qui est très matinal, travaille jusqu'à deux heures de l'après-midi.... Victor
Hugo, à Guernesey, se lève à quatre heures du
matin et écrit jusqu'à midi, l'heure du déjeuner ;
après quoi, il est libre.... Par exception, George
Sand écrit pendant la nuit et se couche à l'aube. Je
ne sais plus qui a dit qu'une nation qui se couche-
rait à dix heures et se lèverait à cinq ferait de trop
grandes choses[3]. »

1. JULES LEVALLOIS, *Revue bleue*, 21 octobre 1899, p. 530.
2. « Lamartine se faisait réveiller à cinq heures du matin
en toute saison, prenait une tasse de thé et se mettait à l'ouvrage jusqu'à midi sans désemparer. » (ÉDOUARD GRENIER,
Souvenirs littéraires, *Revue bleue*, 20 août 1892, p. 229.)
3. EDMOND TEXIER, sous le pseudonyme de MONDION, dans le

Lamennais avait l'habitude de se lever matin et travaillait jusqu'à midi [1].

Alexis de Tocqueville, l'auteur de *la Démocratie en Amérique*, se levait chaque jour à cinq heures du matin et s'asseyait aussitôt à sa table, devant son papier blanc [2].

Renan « travaille surtout la nuit et le matin. Le soir, il dîne le plus souvent en ville ou va dans le monde [3].... »

Le poëte et conteur Armand Silvestre, « alors qu'il habitait Asnières, se levait à quatre heures du matin, hiver comme été, » et il se mettait presque aussitôt à la besogne [4].

« De toutes les organisations d'écrivains, la plus étrange peut-être, au dire de Casimir Bonjour [5], a été celle de Le Sage, l'auteur de *Gil Blas* et de *Turcaret*. Ses facultés se réglaient sur le soleil. Engourdies pendant les ténèbres, elles s'éveillaient avec cet astre; elles s'élevaient graduellement à mesure qu'il s'élevait lui-même; puis, par degrés encore, elles décroissaient et disparaissaient avec lui. Si ce fait n'était récent, et constaté par mille témoignages, ne serait-on pas tenté d'y voir un des

---

journal *Le Voleur*, 21 novembre 1856, p. 45 et 14. Voir aussi le journal *Le Siècle*, année 1868 (?).

1. Cf. Hippolyte Castille, Portraits historiques, *Lamennais*, p. 59.
2. Cf. Firmin Maillard, *La Cité des Intellectuels*, p. 152.
3. Le journal *Le Voleur*, 4 novembre 1886, p. 695.
4. Georges Duval, *Mémoires d'un Parisien*, I, p. 264.
5. Dans *Le Figaro*, Supplément littéraire, 22 juin 1879.

plus ingénieux emblèmes que la mythologie grecque nous ait transmis ? »

Beaucoup de personnes ont l'habitude de lire étant couchées, le soir notamment, avant de s'endormir, et même pour s'endormir. Disons tout de suite que cette lecture ne peut jamais être bien sérieuse, bien profitable, si ce n'est comme soporifique, et ne convient guère qu'aux malades. La lecture au lit a même été déclarée nuisible, dangereuse spécialement pour la vue, parce que le lecteur, dans cette position, ne peut pas bien tenir son livre, se couche sur le côté et ne s'éclaire parfois que difficilement [1].

En tête de ses célèbres *Don't*, « Ce qu'on ne doit pas faire », l'Américain Harold Klett proscrit nettement et absolument la lecture au lit [2].

A ceux qui lisent au lit, les médecins — le docteur Lemanski, entre autres [3], — recommandent « la position assise » préférablement à « la position couchée », qui est gênante. Certains lecteurs trouvent même dans cette gêne un moyen de combattre l'insomnie. « Étendu sur le dos, vous avez la peine de tenir votre livre, et la fatigue survient bientôt ; en outre,

-1. Cf. *La Revue (Revue mondiale)*, 15 novembre 1908, p. 264.
2. Cf. *The Library Journal* de New-York, avril 1886, p. 117. Voir aussi *la Grande Encyclopédie*, art. Bibliophilie, t. VI, p. 644.
3. Dans *Pougues-Journal*, 1er juillet 1906.

les yeux sont tourmentés par un éclairage défectueux, frappant de biais les caractères d'imprimerie.... Mais, pour ces lecteurs, lire au lit est dangereux, remarque très justement le même docteur;
ils oublient, avant de fermer les yeux, de souffler
lampe ou bougie ou d'éteindre leur cigarette », et
ils risquent ainsi d'incendier leur couche et d'y
griller.

Ce danger mis à part, « l'insomnie peut-elle être
combattue par la lecture, et celle-ci doit-elle être
recommandée avant de se livrer au sommeil ? En
d'autres termes, est-il bon de lire au lit, et quel doit
être, dans ce cas, le livre de chevet ? »

Telle est la question que s'est posée un rédacteur
de *La Revue* (aujourd'hui *Revue mondiale*)[1], et
voici son humoristique réponse, inspirée par deux
savants anglais : « Le docteur Osler, professeur de
médecine à Oxford, a étudié attentivement la question, et conclut à l'utilité et au bienfait de la lecture
au lit, pendant une demi-heure au moins, une heure
au plus, mais il recommande de ne choisir que des
ouvrages faciles à comprendre, comme Plutarque,
et, tout naturellement, puisque M. Osler est Anglais,
Dickens, Thackeray et Walter Scott ; aux Français
il conseille Anatole France. Un autre spécialiste,
sir Henry Holland, ne trouve rien « de plus endor-
mant » que les œuvres poétiques et surtout le son-
net. Il y a là une ressource pour les rimeurs. »

1. Numéro du 15 novembre 1905, p. 265.

Mais, encore une fois, laissons aux malades la lecture au lit. Pour vous, bien portant et dispos, mieux vaut la lecture dans votre fauteuil où à votre table. « Ma lecture finie dans la lasse satiété, dit le docteur Lemanski[1], j'irai tout bonnement demander au lit ce qu'il me doit, le repos avec le sommeil. On y gagne l'habitude de dormir dès que la tête est sur l'oreiller, et ce n'est pas à dédaigner. Ainsi, pas de détours pour commencer une bonne nuit, pas de recherche de littérature inférieure pour trouver un hypnotique intellectuel. »

****

Quant à la lecture à table, — condamnée également par Harold Klett dans ses *Don't*[2], — ou immédiatement au sortir de table, rappelons que Charlemagne aimait à se faire lire, pendant son diner, le livre de saint Augustin, *La Cité de Dieu*[3], et que saint Louis, au contraire, préférait à la lecture à table ou en sortant de table « une bonne causerie[4] ».

Dans maints couvents et collèges, il était — et il est sans doute encore — d'usage de charger un des

1. *Lieu cité.*
2. *Lieu cité.*
3. Cf. GABRIEL PEIGNOT, *Manuel du bibliophile*, t. I, p. 84.
4. PHILIPPE DE GRANDLIEU (LÉON LAVEDAN), dans *le Figaro* du 26 août 1879, p. 1, col. 2. — « Saint Louis, quand les religieux voulaient lui parler des choses relevées *(sic)* après diner : « Il

assistants de faire, durant les repas et à tour de rôle, une lecture à haute voix.

Voltaire aimait à se faire lire pendant qu'il mangeait : « Je me fais lire publiquement l'*Histoire de l'Église* et les *Sermons* de Massillon à mes repas [1]... J'aime à me faire lire à table ; les anciens en usaient ainsi, et je suis très ancien, » écrit-il à d'Argental [2].

Jean-Jacques Rousseau se plaisait, non à se faire lire, mais à lire en mangeant : «... Quand j'avais une fois ma chère petite brioche, et que, bien enfermé dans ma chambre, j'allais trouver ma bouteille au fond d'une armoire, quelles bonnes petites buvettes je faisais là tout seul, en lisant quelques pages de roman ! Car lire en mangeant fut toujours ma fantaisie au défaut d'un tête-à-tête : c'est le supplément de la société qui me manque. Je dévore alternativement une page et un morceau : c'est comme si mon livre dînait avec moi [3]. »

Il faut bien reconnaître, cependant, que les médecins partagent l'opinion de saint Louis, et sont

n'est pas temps d'alléguer, disait-il, mais de se récréer par quelque joyeuseté et quolibets (*sic*) : que chacun dise ce qu'il voudra honnêtement. » (Saint François de Sales, *Introduction à la vie dévote*, Troisième partie, chap. xxvii, p. 234 ; Paris, Nelson, s. d.)

1. Lettre à d'Argental, 23 mai 1769 (Voltaire, *Œuvres complètes*, t. VIII, p. 722 ; édit. du journal *Le Siècle*).

2. Lettre du 7 juillet 1769, t. VIII, p. 729 (Première lettre : deux lettres de Voltaire au comte d'Argental portent cette même date).

3. *Les Confessions*, Partie I, livre VI, t. V, p. 504 ; Paris, Hachette, 1864.

d'accord pour proscrire la lecture faite durant les repas. Voici les considérations émises par l'un d'eux dans la revue *L'Hygiène moderne* [1] :

« Nous sommes tous portés, quand nous sommes seuls, à lire en mangeant, soit que nous déjeunions, soit que nous dînions, et c'est là une habitude extrêmement mauvaise et qui doit être condamnée, surtout si, pour ne pas perdre de temps, on continue à table une étude ou un travail commencé.

« Si vous lisez, que ce soit quelque chose d'amusant.

« L'habitude commune de lire à déjeuner le journal du matin n'est pas absolument préjudiciable ; elle fournit des sujets de conversation et ne fatigue pas trop le cerveau ; mais, si l'on nous demandait notre avis, nous conseillerions de ne rien lire du tout pendant les repas.

« La digestion se fait toujours mieux quand l'esprit est libre de toute préoccupation, et que les processus naturels s'accomplissent sans être entravés par le travail de la pensée.

« Il est extrêmement sain de dîner en compagnie de personnes gaies. Le stimulant qui est ainsi donné à l'activité nerveuse agit puissamment et efficacement sur la digestion.

« Tout au contraire, une personne qui est ennuyée, fatiguée ou excitée, ne peut digérer d'une façon satisfaisante. »

1. Numéro de septembre 1898, p. 191.

Enfin le savant Érasme estimait, lui aussi, que le temps le plus favorable pour la lecture, c'est le matin, en se levant, et le soir, avant de se mettre au lit[1], — en attendant, sans doute, que le sommeil vienne.

1. Dans JEAN DARCHE, *Essai sur la lecture*, p. 312-313 ; Paris, 1870.

TABLE DES MATIÈRES

I

L'ORDRE

II

LA CLARTÉ

III

L'ÉCRITURE. — MANIES DES ÉCRIVAINS EN TRAVAILLANT

IV

L'HYGIÈNE DES ÉCRIVAINS. — L'ALCOOL, LE CAFÉ, LE TABAC, ETC. — LA MISE EN TRAIN.

V

L'HEURE DU TRAVAIL. — ENCORE LES MANIES DES ÉCRIVAINS. — LA MÉMOIRE. — LE BRUIT.

VI

LA MEILLEURE LUMIÈRE. — LES FACULTÉS VISUELLES. — L'ENTRAINEMENT. — ÉLOGE DES MATINÉES

147-23. — Saint-Germain-lès-Corbeil. — Imp. Willaume.